JN438378

ⓒ리헌석

리헌석 시인·문학평론가

- 1951년 충남 공주시 출생
- 1982년 계간 『시와 의식』 신인상 당선(시)
- 1984년 『월간문학』 신인작품상 당선(문학평론)

• 시집

1982. 『갈채의 숲』(2014년 2쇄)
1986. 『네가 시인이라 하니』(2016년 3쇄)
1990. 『어부슴』(2017년 2쇄)
1996. 『미완성 연가』
1999. 『디디울나루』
2003. 『반 내림을 위하여』
2005. 『은이의 인형』(동시)(2008년 3쇄)
2007. 『새소리는 덤이다』
2008. 『갈채하는 숲』(한중 대역)
2011. 『섬바위』(시조)
2014. 『숨결찾기』(선집)
2015. 『공산성 바람소리』(2023년 3쇄)

• 문학평론집

1988. 『한국 현대서사시의 신지평』
1993. 『우리 시의 얼개』(2022년 6쇄)
2003. 『불심이 깃든 시 산책』
2010. 『정훈 시 읽기』
2018. 『임강빈 시 읽기』
2018. 『모성(母性)의 시학(詩學)』
2019. 『충청권 시조의 숨결』
2019. 『김영배 시조 읽기』
2020. 『송근영 동시 다시 읽기』
2021. 『이덕영 시 연구』
2021. 『충청권 수필의 숨결』
2022. 『유동삼 시조 연구』

• 수필집(에세이)

2012. 『혼자 알기가 미안하여』
2013. 『식장산 편지』
2017. 『지비(紙碑)와 석비(石碑)』

손전화_ 010-2424-2980
E-mail_ hs2980@hanmail.net

공산성 바람소리

웅비의 땅 공주,

여전히 그리운 내 고향!

‘공산성 · 송산리고분군’
유네스코 문화유산 등재를
축하합니다.

문학사랑시인선 44

공산성 바람소리

●

리 헌 석 시집

●

오늘의문학사

■ 머리말

충청남도 공주시 우성면 대성리 158번지에서 태어났습니다. 외딴 초가 앞에는 버드나무 고목이 서 있었습니다. 아침이면 오리를 방죽으로 내몰았다가, 해질녘에 다시 몰아오던 기억이 새롭습니다.

초등학교를 졸업하고, 중학교와 고등학교 6년을 통학하느라 아침에 10km, 저녁에 10km를 걸어 다녔습니다. 오솔길을 지나서 '디디울나루'를 건넌 후, 웅진동 '하고개'를 넘고 시내를 통과하여 중학동에 이르렀습니다. 그렇게 6년이 흘렀습니다.

공주교육대학을 졸업하고, 교원으로 근무하기 위해 고향을 떠난 지 40년이 넘었습니다. 1970년대부터 고향에 대한 그리움과 사랑으로 지은 시(詩)를 헤아려보니 230편이 좀 넘습니다. 그 중에서 신작을 포함한 100편으로 12시집을 묶습니다.

내 고향, 충청남도 공주시를 소재로 한 작품만으로 시집을 발간하게 되어 기쁩니다.

2015년 10월
2016년 1월
2023년 7월 리 헌 석

1부 | 그리운 달빛처럼

2부 디디울나루 노래

3부 | 아버지와 어머니

4부 | 유구천의 두루미

5부 내 고향은 공주다

1부
그리운 달빛처럼

석장리 풀꽃

눈빛 고운 소녀가 서성였다.

안개로 길을 쓸며
연모하던 세월이 즈믄 해였을까.
물비늘처럼 흔들리며
기다린 지 수수만년이었을까.

그리워 강을 건너면
산봉우리에 마중 나온 햇살이
바람의 음계마다 홀씨를 뿌리던
추억의 회로에서
아득하게 살아나는 메아리.

아직도 나를 기다리는가,
팔매돌을 들고 사냥 나서던
내 모습이 아직도
그대의 맑은 눈에 아른거리던가.

* 충남 공주시 '석장리구석기박물관' 앞 강변에서
* 팔매돌 : 돌을 칡넝쿨 등으로 묶어 사냥하던 구석기 도구.

박물관 비석거리

나는 비석거리의 바람이었다.
첫 번째 비석의 오른쪽을 돌아
경주 김공 눈부신 삶을 돌아보기도 하고
다음 비석의 갓을 만지며
보성 오공 높은 벼슬 이름도 읽었다.

등교하며 오르는 언덕에서
나와 같은 족보에 올라 있을지도 모르는
전주 이공의 이름자가 반가웠다.
얼굴도 모르는 분의 모습을 그리다 보면
차가운 돌에도 훈기가 돌았다.

석양 노을이 벚나무 사이로 내려와
긴 그림자를 지을 때에도
나의 발걸음은 자주 'ㄹ' 자 행보를 하였다.
그렇게 비석거리에 흐르는 바람으로
학창 시절이 흘렀다.

세상에 나서면서 사뭇 잊고 살았지만
여전히 높은 빌딩 사이로
처진 어깨를 곧추 세우면서 다녔다.

가끔은 낮은 세상과 만나
어깨동무를 한 채 기고만장을 하면서도
자랄 때 지나던 거리가 그리웠다.

흔적을 남기지 않는 바람처럼
순간들이 다가왔다가 멀어져 갔다.
눈부신 기쁨으로 환호하기도 하고,
절망의 늪을 고개 숙여 거닐기도 하면서
비석의 세월보다 더 긴
바람의 세월이 운명처럼 외로웠다.

아직도 나는 그대 앞을 서성이다가
풀잎 사이 흐르는 바람이다.

* 충남 공주시 중학동 소재의 국립공주박물관(현재, 충남역사박물관) 입구로 올라가는 길 오른쪽에 많은 비석들이 늘어 서 있었다. 이 길로 중 · 고교 6년간 걸어다녔다.비석들 등 일부는 공산성 금서루 입구로 옮겨졌음.

박물관의 뜰

박물관의 뜰은 젖어 있었다.

입구 지나 마주친
귀 떨어진 석탑의 겨드랑이에
어느 천 년의 바람이 스며들었을까,
주저앉았다가
다시 일어서는 이끼들이
낮은 키로 발돋움하고 있었다.

가지마다 환한 꽃이 벙그는
벚나무 굵은 둥치,
버걱의 깊은 틈새에도
파란 이끼가 자라
더듬는 손에 푸른 물이 들었다.

어림하기조차 벅찬 세월이 머무는
고목이 가지를 잘린 채
새로운 세상을 열망하였음인가,
손가락 같은
새 가지가 밀고 나와
눈부신 꽃등을 달았다.

빗물을 안고 있는 돌절구에
조선의 푸른 하늘이 고이고,
같은 하늘 아래 다소곳이 지켜선 석등
그 작은 구멍으로
흰 옷 입은 사람들이 드나들었다.

* 현재는 충남 공주시 중학동 소재의 충남역사박물관. 1960년대에는 국립공주박물관이었음.

빗돌의 이끼도 가을을 맞는다

절정에 흐느끼는
가을바람이 슬프다.

푸르게 돋아났다가
다시 말라 움츠려도

어느새 또 피어나던
우리들의 함성처럼

가으내 흔들리는
역사의 끄트머리,

저기 저 빗돌이
세월을 되새긴다.

북나무 빨갛게 울더니
바람 또한 붉더니.

돌이 웃다

돌이 웃었다.
푸른 이끼를 둘러쓰고
가마득히 오랜 세월을 버티던
그가 웃었다.

터지고 갈라진
입술 사이
구절초 꽃잎을 하나 걸친 채
빙그레 웃었다.

아미타불
두 손을 모았다.
관세음보살
바람 맛이 삽상하였다.

* 충남 공주시 우성면 대성리 장고개 성황나무 아래 있던 돌부처. 지금은 성황나무와 돌부처가 없어졌음.

숨결

푸른 노래를 만들던 바람이
아침을 열고 길을 나선다.

가끔은 흔들림과 동행한다.
깊게 패인 굴참나무 옹이에 둥지를 틀고
세상을 드나들던
다람쥐 발자국 소리를 들으며
찌직 찍 부끄럼 모르는 사랑 놀음에
가슴 설레는 산길을 간다.

할아버지가 가신 길일까,
할머니가 눈물로 짜던 명주 옷감처럼
물색 곱던 하늘이 마중 나오고
그 분들이 사시던 일상처럼
아버지 어머니도 숨결을 일구셨는데

개울가에서 하품을 하는
달맞이꽃이거나
혹은 개망초꽃이거나
살아 있음이 행복이라 하네.

숲을 가르며
애 터지게 울어쌓는 저기 저 뻐꾸기처럼
끝 간 데 모르는 그리움이라 하네.

강바람을 만나면

도라지 꽃 빛으로
출렁이던 뭇 별들.

마티고개 험한 길을 지나 청벽 낭떠러지 아슬하게 걸린 달을 보면 설운 마음이 녹아내릴까. 마침내 당도한 곰나루 그 나루터 유사(流沙)에 묻혀버린 전설의 곰굴, 그 곰굴을 찾아 형벌처럼 군림하는 사랑의 불면을 덜어내어 모두 채우고 바윗돌로 봉인(封印)하면 그리움이 사라질까.

물이 흘러 모래도 쌓이고, 쌓인 모래 위로 물은 쉼없이 흐르는 법, 그리움이 흘러 강바닥 채곡채곡 쌓이고, 퇴적한 그리움이 다시 강바람을 만들어 곰나루 왕소나무 겨드랑이에 노래를 만드는데…….

디디울나루 강바람을 만나면, 용못 넘치는 포말로 애태우던 젊음, 저물녘에 만나던 별빛도 별빛이지만 성(城)머리 너른 들녘 웃자란 수숫대에 비벼대는 바람, 샛강을 건너 마중 나온 연유를 물어야 할까. 디디울나루 강바람에 날리는 억새풀꽃을 만나면 전생으로부터 연유한 이 그리움의 비밀이 풀릴까.

강안(江岸)에 넘나드는 바람
생과 사의 여로여.

갑사에서

차를 따른다.
마음의 빈자리를 채운다.
자욱하던 고요가
아지랑이처럼 피어오른다.

비우고 다시 채우는
일상의 되풀이,
그 채움과 비움의 경계에서
아득하게 젖는다.

찻잎에 반짝이던
윤슬*의 속삭임에 놀라다.

* 갑사 : 충남 공주시 계룡면 중장리 소재의 사찰. 춘마곡(春麻谷, 마곡사 봄풍경) 추갑사(秋甲寺, 갑사 가을풍경)라 하여 으뜸으로 보았다.

* 윤슬 : 일명 '물비늘'. 잔물결에 햇빛이 반사되어 찰랑거리는 상태. 때로는 비 맞은 동백나무나 사철나무 잎 위에서 햇빛이 반짝이는 상태.

신원사(新元寺) 문답(問答)

솔가지에 걸린 달이
만법귀일(萬法歸一)을 속삭인다.
"그 하나는 어디로부터 비롯되었는가?"
간지러운 솔잎들이 묻는다.

물결을 만들던 바람이
비심비불(非心非佛)을 속삭인다.
멱감던 바위며 뿌리며 이끼며 풀들이
청산유수(青山流水)를 움켜잡는다.

그래, 그래 일체유심조(一切唯心造)라
큰 스님이 빙긋이 웃는다.

마곡사 점묘

골짜기 물을 따라
반야심경 읊는다.

부처님 염화미소
연꽃을 피우는데

마곡사 대웅전 지나
구경 나온 바람들.

일주문 앞에서

일주문에 드는 일은 비우는 일이다.
가벼운 바람이나 드나드는
저 문을 지나면
봄꽃처럼 흩날리는
자잘한 미움까지 버릴 수 있을까.

가파른 길 오르면서 만난 바람이
가슴으로 스며든다.
세상에서 받은 생채기가 덧날 때마다
이를 옥 물며 눈심지를 세우던
자화상(自畵像)이 무섭다.

고무신에 물을 채우고
올챙이 몇 마리 잡아왔지만,
자고 나면 둥둥 떠다니던 나의 슬픈 아침,
그때 들리던 풀벌레 울음소리가
이명(耳鳴)으로 여전하다.

얼마나 더 흔들려야 지울 수 있을까.
일주문을 들며 나며,
순정하게 씻어내고 싶다.

흩어진 욕심의 그늘까지 찾아 지우며,
길을 쓰는 바람이 되고 싶다.

발길을 돌리며

안개 자욱한 개울을 건넜다.

마곡사 경내에서
무심을 찾아 무심하게 걸었다.
낮은 담을 따라 오르다가 만난
대(竹) 쪽문
눈높이에 쓰여 있는
'그대의 발길을 돌리는 곳'
바로 그 앞에서 발길을 돌렸다.

온 길을 되짚어 개울을 건넜다.

소나무 숲 사이 쏟아지는
여남은 빛줄기,
마음의 얼룩까지 환히 보였다.

성곡사 대불

어둠을 쪼아 내는
참새 떼를 불러 모아
감나무 잎 대신에 하늘을 쓸라셨다.
때때로
자리 옮기는
달그림자도 지우라셨다.

"그래, 그거 네 탓이야
아니, 그거 네 잘못이야
어둔 밤에 세상 보면 눈병이 도질 거야.
차라리
쭈그려 앉아
마음속을 보거라."

중천에 걸린 달도
깨달음에 혀를 차며
잠시 머문 구름들을 연꽃으로 쓸어낸다.
주름진
세월을 건너던
뭇별들이 웃고 있다.

영은사 달빛

혹시 영은사에 오시겠는지요.
풀벌레 소리 낭랑한 가을
어스름 길을 걸어서
금강물 조신하게 건너오는
산들바람처럼 가볍게 오시려는지요.

살다 보면 우리는 때로
감당할 수 없이 무거운 짐을 지고
가슴 졸이며,
놓아도 좋을 사람과
버려도 좋을 일까지
부둥켜안는 어리석음이 있지요.

풀섶에서 반짝이는
반딧불이의 촉광(燭光)을 보면서,
언뜻 밝았다가
금시에 어두워지는
세상의 이치에 새삼 놀라면서,
유유한 금강에서
찾아낸 가슴 먹먹한 돈오(頓悟).

달빛을 받은 은행나무가
저렇게 실루엣으로 흔들리고
푸르던 잎과 잎들이
욕심을 버리고 흔들리는 가을 저녁에
영은사에서 마음을 비우시겠는지요.

* 영은사 : 공산성 안에 있는 사찰. 임진왜란 때에는 승병의 합숙소로 사용.뜰에 은행나무 노거수가 있음.

곰나루를 건너며

울음이
얹힌 바람
고물에서 널을 뛴다
깨우는 전설이야 아려올 따름인데
물비늘 은빛 금빛으로
눈 비비고
일어선다.

슬픔이
바람으로
헤살 지며 다가서도
산기슭 철쭉꽃은 곱붉게 피어나고
강 건너 추억 어린 메꽃이
'오요요'
노래한다.

순정도
결을 따라
음영을 지어낸다.
가슴 태울 설움으로 귀를 여는 사랑가
윤슬에 얹힌 그리움

찰랑이는
저 손짓.

* 곰나루 : 충남 공주시 송산리와 우성면을 잇던 나루. 나무꾼과 곰의 전설이 서린 곳인데, 현재 곰의 굴은 보이지 않고, 그 건너에 무령왕릉이 있다. '공주보' 를 기준으로 약간 상류에 곰나루, 약간 하류에 디디울나루가 있다.
* 메꽃 : 나팔꽃 모양의 메꽃이 많았다. 이 꽃을 입에 가까이 대고 '오요요' 소리 내면 작은 개미가 기어 나왔다.

무령왕릉에서

미명(未明)의 안개 속에
길을 내는 그리움

복숭아 꽃 향으로
온밤내 강을 건너

무령왕, 잠 속까지 찾아
환생하는 새여울.

세상의 영욕마저
버린 채 잠든 왕비

귓속으로 들어가서
속삭이던 피리소리

향기론 왕솔 숲에서
몸을 푸는 그림자.

못다 한 인연으로
백사장을 오르내리며

물비린내 지늘켜는*
백제의 하늘이여,

공주시, 디디울나루에
닻을 내린 노래여.

* 공주시 송산리 고분군에 무령왕릉이 있고, 그 강변에 곰나루가 있으며, 곰나루에 왕솔밭이 우거져 있다.
* 지늘켜다 : 감정이 북받쳐 오르거나 실신할 정도로 흐느낄 때, 숨이 막혀 몸서리를 치거나 숨이 넘어갈 정도로 고조된 상태.(예, 어머니의 부음을 듣고 지늘켜더니 쓰러져 일어나지 못하였다.)

공산성 바람소리

작은 풀꽃으로 피어나도
나는 좋겠다.
공산성(公山城) 돌담 아래
푸른 향기로 세상을 적시다가
가뭇없이 사라진다 해도 좋겠다.

백제 천년의 노래가
놀빛을 불러 공북루 기왓장을 닦아내는
그리움의 역사처럼
이따금 자귀나무 잎을 어루만지다가
도토리나무를 기어오르는 칡꽃을 만나
아직 맺지 못한 사랑을
동문루 기둥에 칭칭 동여매고 싶다.

세월 건너 금강 여울소리가
깊이 잠든 나를 깨우면 다시 일어나리.
서둘러 진남루 목판 틈새로 올라
사랑은 우리에게 무엇이며,
눈물은 우리에게 무엇이냐,
왕비를 대신하여 무령왕에게 물어보리.

황토로 다진 돌길을 지나
기우는 햇살에도 눈이 부신 금서루에서
서로 속삭이며 바라던 풍경들,
잊을 수 없어 가슴에 남겨진 기억으로
그대 머릿결을 쓰다듬는데

이제 한 올 한 올 세월이 깃든
추억의 입자들을 모아
새로운 노래를 지어 부르리니,
작은 풀꽃으로 흔들려도 나는 좋겠다.

* 공산성 : 충청남도 공주시 산성동에 있는 백제 고성. 2015년 7월에 송산리고분군과 함께 유네스코 문화유산에 등재.
* 공북루, 동문루, 진남루, 금서루 : 공산성 안에 있는 네 문루.

공산성(公山城)에서

이끼 푸른 돌 하나에 땀방울이 엉깁니다. 물집으로 부르튼 석수(石手)의 손바닥이 드러나, 춤추는 잡목림 굽이마다 피멍울 맺힌 목도군 살가죽 벗겨진 어깨뼈가 일어섭니다.

백제(百濟)의 우울한 상처 속에서 아직도 들려오는 말발굽 소리가 함성으로 불타고 있습니다. 물결 이는 맥박이 뜨거운 가슴을 식히며 면면히 넘치는 천년을 지키는데, 돌과 돌 사이에서 부서진 혼백이 외칩니다.

잘려진 손가락이 여기 있다. 찢어진 손바닥이 여기 있다. 깨물린 울음으로 사직(社稷)만을 우러르던 왕국(王國)의 추운 백성들이 깃발을 올립니다. 바람에 펄럭입니다.

* 성을 쌓고, 또한 무너진 성을 고쳐 쌓았을 석수와 군사들을 떠올리며.

연화지심(蓮花之心)

빗방울이 부르는 노래를
담아두고 싶었어요.

가끔 바람에 흔들리면서
마음을 졸이지만
어느새 내 사랑은 별을 맞지요.

가야금 맑은 가락처럼
새벽안개가
온 몸을 감싸면
나도 몰래 소름 돋는 진저리.

해는 물살을 밀어 올리며
저렇게 떠오르고
다시 바람을 맞아 흔들리는
물무늬 사이
노래처럼 꽃이 피지요.

풀꽃문학관에 가면

이곳에서는 바람도 삽상하다.
풀꽃문학관에 이르면
작은 꽃송이가
살래살래 손을 흔들며 맞는다.
어린 아이 눈망울처럼
맑은 향기가 반갑다.
잠시 귀를 기울이면
서천을 지나온
서해바다 서남풍이 놀러 와서
나태주 시인의
고향 이야기도 풀어 놓는다.
노을 빗긴 마을
대숲에 흐르던 노랫가락
어른거리는 누님의 얼굴이
풀꽃에 맺혀 있다.
서천 하늘에 드리운
모시올이 그립거든, 그대여,
풀꽃문학관에 와 보라.
이곳에서는 바람도 그리움이다.

2부
디디울나루 노래

디디울나루 새벽길

강물에 비친
새벽별
아름다운 영혼을 보았다.

섬바위에 앉아 바라보면
도라지 꽃빛으로 출렁이던
뭇별들이 사라지고
촛불처럼 남은 하나

그대 사랑도
새벽별
저처럼 외로운 걸까.

미명이 걷히고 나면
이슬로나 내려앉을 별이여
바람에 흔들리다가
가슴에나 남을 혼불이여.

* 디디울나루 : 충남 공주시 웅진동과 우성면 평목리 사이의 나루. '더디올나루' '데데울나루' 등으로도 불렸음. 지근거리 상류에 공주보가 건설되어 있고, 그 바로 상류에 곰나루가 있음. 필자는 중고등학교 6년 동안 디디울나루를 나룻배로 건너 통학하였음.

금강, 디디울나루에서

사공마저 사라진 나루에 선다.

마른 풀잎 사이
감감한 세월 속에서도 잊지 못한
들국화 꽃무리, 향기에 감도는
노을이 곱다.

그리움이 머물던 모래톱을 찾아
떠났던 사람들이
숙명인 듯 찾아 와
무상(無常)을 길어 올리는 곳

바람이 알아서 먼저 길을 쓸고
물비늘 이랑에 햇살이 들면
잊혀진 얼굴들이
꺼지지 않는 불씨를 안고
추억 앞에 선다.

나룻배가 아니고는 닿을 수 없던
강 가운데 모래섬에
물새들이
종종 불립문자를 그리는데.

바람이 물결을 만들면
그립던 비둘기 울음소리까지 들리고
기쁨과 서러움의 탁본을 펼치는.
물 메아리,
이랑과 고랑을 넘나드는 사랑이
꽃불처럼 번진다.

디디울나루 연가

언제부터 가꾸었을까
꽃비처럼 여린 순정

별빛까지 되살리는
지순(至純)한 사랑으로

세월에
묻힌 추억이
깃을 치는 환희(歡喜)여.

디디울나루 봄

나루터 강가에 서면
이 땅의 마지막 겨울을 싣고
목선(木船)이 닻을 올린다.

옹이진 상처를 싸매고
삐그덕 노를 저으면
물살 갈피 따라 역사가 흐른다.

동학 함성이 들리고
신동엽 뜨거운 가슴이 숨쉬고
내 땅 우리 아픔이 넘실거려서
청둥오리 떠난 자리
눈물이 여울을 짓는데

나루터 강가에 닻을 내리면
마른 갈대 밑둥에서
새순 돋는 소리 들리고
오히려 그리움은
물젖은 목선으로 흔들린다.

디디울나루 꽃샘바람

세상을 향한 분노였을라
속 터지는 저항이었을라.

맑은 하늘, 푸른 산줄기, 고운 물빛을 지우며 가끔 광란하듯 일어서는 모래바람이 불었다. 모래를 날리며, 풀밭 떡잎들을 휘갈기고, 다시 나뭇가지를 꺾으며 휘몰아쳤다가 금세 사라지곤 했다.

꽃샘바람, 꽃샘바람
아아, 물너울로 넘치는 바람

동학 농병들의 원혼이 꽃불로 살아나서 봄마다 휘도는 바람 속에 혁명도 날아갔고, 나라도 날아갔다. 욕심에 욕심을 더한 일로 가끔 아름답던 꿈이 부러져도, 얼음 같던 세월이 금세 녹아내리곤 했다.

양심의 관절을 맞추어 보지만
볼따구니는 아직도 얼얼하다.

디디울나루 봄나들이

꽃비 내리는 이마
그리운 추억을 쓸어올리며
문수보살의 미소가
앵두꽃으로 피어나고 있었다.

한 걸음 또 한 걸음
곰나루 곰굴로 곰을 찾아갈거나
소롯길 갈래 갈래
떠난 임을 찾아갈거나

나무 그늘 사이
얼비치는 햇살을 어루만지며
문수보살의 미소가
열매를 가꾸고 있었다.

디디울나루 달맞이꽃

목마른 사랑을 아는가?

가슴에 흐르는 이슬을 받아
오호 그대는
샘물처럼 냇물처럼
뜨거운 사랑을 적시며
꿈결에도 물소리로 신열을 식히며
기다림의 불꽃을 깨우는구나.

무량의 세월을 손꼽아
메아리로 눈뜨는 사랑,
사랑하기 전엔 깜깜했던 길에서 이제
꽃불로 환한 사랑,
마주치는 눈빛으로 밝히고 있구나.

그리운 이여
이 산하에 태어나서
우리 강토 푸른 하늘을 염원하는
결 고운 피리소리
애절한 꽃노래로
새벽의 창문을 두드리며

비로소 그대
달맞이꽃으로 피어
먼먼 기다림
보고픈 송이송이 꽃으로 맞는가?

디디울나루 홍수

넘치는 황토빛
날름거리는
저 혓바닥

삶도 때로는
저렇게
무서운 것이려니.

디디울나루, 사랑 고백

찌 찌르르 찌 찌르 찌르 디디울나루 백사장에 나서세요. 담결(淡潔)한 물살 속에 청량(淸涼)한 속삭임이 넘실거려요. 피라미 떼 유영, 살금살금 다가와서 발목을 간지럽히는 대화가 아름다워요. 찌르 찌 찌르 숨겨둔 모르스 부호로 그리움을 전하는 강변의 술래잡기, 뜨겁게 입 맞추지 않아도 사랑을 나눌 수 있어요. 담결한 물속에서 찌르 찌 찌르 아무도 모르게 전하는 은빛 사랑의 고백, 살 비비며 불타지 않아도 빛나는 사랑이 여울져요. 찌르 찌 찌르 그대 사랑이여, 떨어지는 노을빛을 배웅하며 강변을 떠날 때까지, 피라미 떼 은빛 유영, 남몰래 나누는 사랑의 모르스 부호에 행복할 수 있어요. 찌르 찌 찌르 그대 사랑이여, 그대 꿈길에도 은빛 피라미 떼가 되어 사랑의 모르스 부호를 보내요. 찌 찌르르 찌르 찌 찌르르.

* 여름 강물에 발을 담그면 작은 물고기가 주둥이로 발과 다리를 간지럽혔다. 그 감촉이 모르스 기호 같았다.

디디울나루 모래톱에서

디디울나루 모래톱에서 찰랑이는
물결이 옹아리를 한다.

돌아올 수 없는 길, 멀리 떠난 범수의 목소리가 들린다. 공연한 그와의 다툼질이 옹아리에 겹친다. 간경화라던가 디스토마라던가 시커멓게 죽어간 사공 할아범, 그의 대물림 아들 사공과 소리 높여 겨루던 대거리가 겹친다.

'그래, 좀 참았어야 했는데.'

꼭두새벽 고단한 도선(渡船) 길에도 지치지 않던 친구들, 그리운 목소리가 들린다. 눈빛 선하던 아우들, 깃발 같던 형님들의 모습이 살아난다. 물빛에 녹아 어룽거린다. 배를 타려고, 빈 도시락 소리 달그락거리던 하교 길이 보인다.

'그렇게 정겨운 추억이었는데.'

하지만 누구보다도, 이 세상 누구보다도 그리운 사람, 들깨 꽃내음보다 향기롭던 사람, 강바람보다도 상큼하던 사람, 그 사람이 모래톱에서 웃으며 다가선다. 하얀 이가 가지런하던 그 사람이 하얗게 웃으며 물결을 밟고 온다.

이 가슴에 그리움이 싹 터
디디울나루 물결 사이 자란다.

홍역(紅疫)하는 강

둑은 강심에 밀려 있다.
낯선 얼굴로
바람이 널뛰기를 할 때에도
강물이 누워 있다.
강물이 앉아 있다.
강물이 서성거리며 코를 푼다.
강물이 강물을 삼키고 삼키면
여뀌 풀 숲 종다리
하늘로 숨는다.
가릴 것이 없어서
가진 것이 아무 것도 없어서
벌거벗은 몸이 부끄럽지 않은
하늘은 푸르지 않다.
무분별한 죽음으로 돌아본다.
가쁜 숨 멈추고
세상 끝 절벽을 망치질하며
제 꾀에 제가 넘어가고 있다.
강은 계속 뜨거운 손을
신경질로 휘파람 부는 손을
타고 남아 또 타고 있는
숨소리까지 온통 태워

타인의 핏줄 같은 손을 내놓고 있다.
보아라, 침묵하고 있을 때
활활 타오르는 풀벌레소리
침묵을 허물고 타오르는
벙어리 목 메인 소리.

꽃대궁

바람이여, 그대는
어쩌자고 햇살마저 흔드는가.

물결이여, 그대는
어쩌자고 잊은 노래를 되살리는가.

디디울나루에 서면
영혼의 꽃대궁이 흔들린다.

디디울나루 초가을

디디울나루 산비알에 서면
갈꽃 수수 많은 속삭임에도
나는 외롭다.

그대는 바람이던가.
물결을 밀다가 부서지고 부서져
이제 하얀 물거품으로
마음결을 흔들며
저렇게 추억을 허물고 있다.

혼자만의 그리움일까
그리움은 혼자만의 굴레일까
풀리지 않는 인연의 매듭
아픈 매듭은 마냥 되풀이일까.

영혼마저 가져가려는
디디울나루 바람 앞에 서면
나는 흔들리는 갈꽃이다.

디디울나루 가을 편지

즈믄 해 뒤척이던 밤을
그대의 가을 강은
오늘도 눈물 속에 지샌다.
까마득히 먼 세월
그리움으로 목 메이다 보면
우수수 단풍잎 몇
디디울나루 강바람에 날릴 거라.
이파리 몇 그대 창가에 다다르면
소리 없는 가슴에 핀 들국
여린 향내도 흐를 거라.
아직 따순 손길
우리 아득한 추억으로 서 있으나
바람 속에 차오르는 가슴앓이,
아름다운 눈빛만은 남아 있으리라.
즈믄 해 뒤척이던 밤을
첫사랑이여,
그대의 가을강은
오늘도 억새꽃 흔들며 흐르는가.

디디울나루 가을밤

가을로 가는 들녘은 풀벌레 소리를 안고 있습니다. 수숫대 마른 대궁 사이로 얼마 남지 않은 생명을 저토록 풀어내고 있습니다.

어둠 속에 설핏 드러나는 길을 따라 걷다보면 어느새 강물소리가 들립니다. 서두르는 발걸음 따라 조락한 낙엽 몇 잎이 추억을 굴리고 있습니다.

강가에 이르러 부스스 잠을 깨고 나온 하현달이 어둔 세상의 낙담한 눈물을 반짝이게 합니다. 찾아 나선 길은 열리지 않고, 찾아 나선 사람은 세월 속에 꽁꽁 숨어 있습니다.

가을 들녘, 추억이 갇힌 칠흑 어둠을 뚫고 불쑥 솟구치는 힘으로 그대를 찾습니다. 생애의 온 별빛을 모아 이 밤을 밝히고 싶습니다.

초겨울 연가

그대 찾아
겨울 나루에 나섰지.

마른 갈대를 묶어놓고
속으로만 흐르는 강물
깊숙한 흐름 속에
찬란한 윤슬을 만들어
다시금 흔들렸지.

나루터 절벽에 매달려
시든 들국화 몇 송이
바람에 흩날리는
그대를 보며
오히려 설움은 아름다웠지.

얼어붙은 강가에 서서
타오르는 불기둥
꺼질 줄 모르는 그리움,
산벚 마른 잎으로 날렸지.

눈보라 속에서

저무는 하늘가 외딴 깃발처럼
흔들리다가 부서지고 싶었다.

출렁이는 눈물의 갈피를 넘기며
미치도록 씽씽하게 살고 싶었다.

디디울나루 겨울 아침

여명의 고운 날빛을 따라
길을 나서면
어둠을 거두어 내는
그대
싱싱한 눈빛을 만났지.

바람에 떨리는 미루나무
부스스 몸을 터는
떡갈나무 사이
까치집처럼 앉아 있는 외딴집

그대 미소가 고왔지.
눈 쌓인 디디울나루
겨울 아침
눈에 묶여 강변을 서성여도
그대 있음에
발길은 가볍고 행복했지.

겨울 나루에서

찾아 나선 겨울 나루
타오르는 불기둥

그리운 마음들이 눈꽃을 피운다. 강안(江岸)에 늘어선 미루나무에 눈꽃을 피운다. 주야 청청 푸른 소나무에도 겨울 안개는 순은(純銀)빛 영롱하게 화원을 만든다.

새벽 나룻배 노젓는 소리가 눈썹 아래 하얀 물살을 이루고, 물살이 만드는 가락에 눈꽃이 젖는다. 겨울 까마귀 가래 끓는 소리에 과부 아낙들의 속곳이 젖어내린다. 나도 몰라 나도 몰라 젖어내린다.

장날 아침 쇠전으로 팔려가는 황소 콧잔등 거친 숨소리에 홀아비 총각네들 거웃이 젖어내린다. 아뿔싸 아뿔싸 젖어내린다. 나룻배 노젓는 소리가 물살을 이루고, 물살이 만드는 너울에 눈물 어린 삶이 젖는다.

나루터 여울을 건너며 안개가 풀린다. 온 강에 넘치는 안개가 눈꽃을 피워 강마을 새벽은 백옥(白玉)의 궁전이다. 디디울 나루 새벽은 청옥(青玉)의 꿈길이다.

꺼질 줄 모르는 그리움
산벚나무 마른 잎

흐르는 강물을 보며

강물이 흐르고
쉼 없이 계절도 바뀌었다.

추억만 언제나 제자리
동동걸음이다.

3부

아버지와 어머니

할아버지의 세월

사랑채에서 기침소리가 들렸습니다.

지게 가득 놋그릇 지고 가셨다가
양은 그릇 서너 개 바꾸어 오신 날은
할아버지 가슴에
디디울나루 여울소리가 머물렀습니다.

"조상님들 뵐 면목이 없는겨!"
"놋그릇은 너무 무겁잖아유.
너무 때가 잘 타잖아유!"

말장단 맞추시는 할머니가
인고의 세월도 함께 풀어 놓으셨습니다.
디디울나루 어룽지던 달빛마저
두 분의 눈물에 넘치고 있었습니다.

* 할아버지께서는 1970년대에 놋쇠그릇을 지게 가득 지고 10km를 걸어 공주 시장에 가셔서 가벼운 양은그릇으로 바꾸어 오셨음. 놋그릇은 녹이 잘 슬어 양은그릇이나 스테인리스 그릇을 선호하던 시기였음.

봄날 아침에

봄날 아침에 버드나무가 운다.
바람에 온몸을 맡기고
물오른 가지 꺾어 만든 피리로
구성지게 뽑아내던 가락,
할아버지가 그리워 운다.
낭랑한 소리는 아니지만
삐리릴리
노래에 맞추어
마늘밭을 뛰놀던 강아지들
엎치락뒤치락 사랑 놀음이 한창인데,
매화나무 부푼 꽃눈 아래
마른 숲을 헤치며
꿩! 꿩!
깃을 치는 장끼가 호사를 부리는데,
봄날 아침에 버드나무가 운다.
피리를 만드시던
할아버지 손길이 그리워
삐리릴리
할아버지 부르며 목 놓아 운다.

발자국 소리

"벼는
주인의 발자국 소리를 듣고
자란단다."

논밭을 오가며 갈무리하시던
아버지 말씀을
건성으로 넘기며 살았다.

"열매는
주인의 숨소리를 듣고
여문단다."

밭으로 향하며
그 말씀이 새삼스럽다.
이명으로 되살아나고 있다.

아버지 간병일기 1

– 목욕탕에서

아버지 모신 날은 온천물도 차갑습니다.
에이듯 저며 오는 시린 가슴 다잡으며
아버지
날 씻기셨듯이
받은 정을 돌립니다.

업히어 두드리던 너른 등이 아닙니다.
이기려고 용을 쓰던 유년의 팔씨름 너머
눈물 빛
추억을 남기고
몸을 맡기신 아버지.

* 쇠약해지신 아버지를 모시고 간 온천의 뜨거운 물도 뜨겁게 느껴지지 않았다.

아버지 간병일기 2

- 손을 잡고

부르르 떨려오는 아버지 손목에서
어릴 때 듣고 자란 문풍지가 울립니다.
흔들려
가슴 시리던 날이
추억이듯 먼 빛인데.

세월처럼 야윈 노구 손잡아 부액하며
영산홍 곱던 길을 갈꽃으로 채웁니다.
아픔은
오히려 편하신 듯
자애로운 눈빛입니다.

* 노구 : 老軀(어르신의 신체)
* 영산홍 피던 봄부터 갈꽃이 피는 가을까지 입원.

아버지 간병일기 3

– 뒷모습

머잖은 옛날인데
어쩌면 몇 겁인 듯

아득하게 먼 나라의 아득하게 먼 옛날이야기로 들릴지도 모르지만, 요쿠하마 항구에 날리던 아버지의 머리카락은 아마 검은 빛이었을까 몰라. 그래서 남모르는 눈물을 흘리며 가슴으로 '고종황제 폐하 만세!' 외치셨을까 몰라. 왜놈들이 주는 반찬으로 소금에 절임 매실(우메보시)이나 한 알씩 우물거리면서도 '조국이여!' 간절하게 부르셨을지 몰라. 이제 노을로 비척이시는 아버지의 어깨는 아마 모시 적삼도 무거우실지 몰라.

아버지 흔들리는 걸음
현해탄의 바람소리.

* 아버지는 일본에 징용으로 동원되어 대동공업에서 강제 노역을 하셨음.

아버지 간병일기 4

– 말씀을 되살리며

형형한 눈빛으로
이르시던 말씀들.

"세상 일이 마음대로 풀리지 않는 날에는 호수로 가렴. 가서 물비늘로 흔들리렴. 흔들리다가 슬프도록 아름다운 따오기 아픈 노래를 들으렴. 내쳐 듣다가 호수 밑바닥까지 뒤집어 엎을 절절한 울음을 울렴. 울다가, 놀꽃보다 고운 가슴이 되어 세상으로 돌아오렴." "아버지, 지금입니다. 갈잎 사각이는 오솔길 지나 장자못 윤슬처럼 부서지는 울음이고 싶습니다. 아버지."

울어도 찾을 수 없는
말씀이여, 빛이여.

아버지 간병일기 5

– 왜냐하면

해가 뜨고 달 기울이
왜 그리 궁금하셨을까?

"왜냐하면, 왜냐하면." 비가 긋고 무지개 뜨는 일이 그리도 궁금하시던가요? 싹이 돋고 꽃이 지는 이치가 그렇게 궁금하시던가요? "왜냐하면, 왜냐하면." 뽕나무를 심으시면서도, 양송이를 재배하시면서도, 천자문을 가르치시면서도, 새마을 길을 넓히시면서도, 왜 그렇게 밝혀야 할 세상 이치가 많으시던가요?

아버님, 훌쩍 일어나셔서
"왜냐하면" 외치세요.

붓꽃

남으로 난 창 밖에 어머님은 붓꽃을 가꾸셨습니다. 뜨락에 맴돌던 나비 따라 가셨다가 만나신 꽃이라고 하셨는데 팔순(八旬)이 다 되시도록 작은 포기를 나누시며 정성이신 어머님. 바람과 놀다 행여 다칠세라 붓꽃을 보듬으시더니, 다 자라 포기까지 나눈 이놈의 머리를 쓰다듬으시며 눈물로 웃으시던 어머님. 멀리 가신 당신의 무릎이 그리웠는지, 나비 따라 갔다가 꿈속에서 붓꽃을 만났습니다. 어머님 얼굴처럼 미소 고운 꽃이었습니다.

어머니의 우물

1.
어머니는 우물앓이를 하셨습니다.
바가지로 물을 퍼 올리며
"봐라. 물맛이 삽상한 거 아나?"
옹기그릇을 가득 채우시던
어머니 두 손은 늘 젖어 있었지만
눈가 주름 사이에
보름달 밝은 빛이 감돌았습니다.

동이를 이고 물 긷는 길,
아무리 조신하게 걸음을 떼어도
방울방울 물이 넘쳐서
어머니 볼과 귓등은 늘 붉었습니다.
흘러드는 물방울이
홍건하게 어머니 몸을 적셔도
새벽은 언제나 별이 빛났습니다.

돌부리에 걸려 넘어지실 때도
동이만은 가슴에 안아 지키셨습니다.
되짚어 물을 길어 오신 후,
"물동이가 귀하긴 참말 귀하다만,

아무려면 니들만 한 줄 아나?"
팔꿈치 상처에 '빨간약'을 발라드리며
우리도 가슴을 적셨습니다.

2.
세월이 흘러 어머니는
펌프로 물을 받으셨습니다.
"봐라. 물맛이 달라진 거 아나?"
펌프 주둥이에서 꽐꽐 쏟아지는 물을
고무 다라에 받으시며
어머니는
아침을 부르는 마중물로 서 계셨습니다.

3.
이제 수도꼭지를 틀어
어머니는 장승처럼 바람을 맞으십니다.
"봐라. 물탱크에 가두어 놓아서
물맛이 시원하지 않은 거 아나?"
애쓰지 않아도 쏟아지는 물줄기를 보며
어머니는
모과나무에 걸린 낮달을 바라보셨습니다.

옥수수 밭에서

동생을 업으시고
사립문 밖에서 서성이시던
아, 어머니.

정화수에 별이 놀러오다

애당초 새벽별의 둥지였습니다.
바람이 다가와서 흔들기 전까지는
오랜 기다림과
가슴 뛰던 소망이 내밀하게 반짝였습니다.
흔들리다 멎고
멎었다가 다시 흔들리는 심계(心界)에서
어머니의 두 손은
어둔 공간에서도 날개를 펴십니다.
자기 최면(催眠)일까,
흔들리는 물 메아리를 넘나들며 어머니는
숙명의 바다를 건너시는데,
가슴 울리는 주문(呪文) 소리에
익숙한 이름이 묻어 있습니다.
장독대를 적시며 반짝이던
저기 저 별들도
아픔처럼 흔들리는 그리움으로 떠 있습니다.
새로 떠다 놓은 정화수 그릇에서
다시금 바람이 일어나도
이제 새벽은,
거친 길 한 굽이를 환하게 밝힙니다.

어머니 병실에서 1
– 1997년 4월 중환자실에서

윤사월 시린 하늘
유년의 풀빛 추억

올봄도 찔레꽃은 하얗게 피고 버드나무 가지 사이 까치집은 덩그런데, 흐르는 구름이며 바람이 왜 그리 무상할까. 찔레꽃 덤불 사이 까치 독사 날름거리는 혀, 그 두려운 하늘빛이 머리칼을 세웠어라. 도망치는 뒤 꼭지에 섬짓섬짓 묻어나던 전율, 뛰어도 제자리를 맴돌던 발꿈치의 통증, 집 앞 버드나무에서 쏟아지는 까치 소리에 소스라쳐 일어났어라. 숨이 찬 듯 두근거려라. 언제나 만져지던 사랑이 멀어졌다가 가까워졌다가 가물거려라. 오늘에사 뜨겁다가 차갑다가 갈피 잡을 수 없어라.

아슴슴 꽃불처럼 번지는
눈물겨운 사랑이여.

어머니 병실에서 2

– 1997년 5월 입원실에서

푸른 솔이 보고 싶어
그리움에 창을 연다.

눈둑길 밭둑길을 지나 숲길 옆으로 비둘기 둥지 틀던 소나무, 그 푸른 솔이 오늘 이 아침 왜 이리 그리울까. 가지 사이로 흐르는 바람, 가끔 솔방울 속에서 휘파람을 만들던 바람소리가 오늘 이 아침 왜 이리 환장하게 그리울까. 왜 이리 물결무늬로 되살아날까. 지금쯤 오월의 푸른 하늘엔 아카시아 향기가 안개처럼 흐르려니. 뻐꾸기 꾀꼬리 울음소리가 여름산을 휘젓고 있으려니. 쪽박 모양의 밋밋한 고향 뒷산이 눈물 속에 빙빙 돈다. 푸른 솔 푸른 그림자가 눈물 속에 얼비친다.

우우우 가슴 속에서
푸른 소리 듣는다.

어머니 병실에서 3

– 저녁놀 단상

1.
눈 감아도 찾아오는 장고개 흐르는 노을
당나무에 걸어놓고 눈물 반짝 오셨는데,

어느새
물젖은 빛살로
병실까지 따라왔나.

2.
어머니 세월 위에 지층처럼 쌓인 인고(忍苦)

오랜 투병(鬪病)으로, 어머니 거친 손바닥 뚜덕살이 허물처럼 벗겨졌다. 발바닥 뚜덕살이 허물처럼 벗겨졌다. 보리방아 찧느라 덧붙은 뚜덕살, 콩밭 매느라 딱딱해진 뚜덕살, 벼나락 거두느라 굳어버린 두 손의 뚜덕살이 한 꺼풀씩 벗겨졌다. 무거운 세월을 짊어지고, 생활의 비탈길을 오르느라 발바닥에 생긴 뚜덕살도 묵은 때처럼 한 꺼풀씩 벗겨졌다. 뚜덕살이 벗겨질 때마다 어머니, 인고의 세월이 벗겨지고 있었다. 왜정 때의 까마득한 고초, 동족상잔의 몸서리쳐지는 경련도 벗겨지고 있었다. 사랑하는 자식의 죽음, 부모 형제를 먼저 보낸 애끓는 오열도 벗겨지고 있었다.

어머니 희로애락이 물살처럼 흘렀다.

3.

석류고개 너머로 사라지던 노을이여
추억의 귀밑머리 어렵사리 부여잡고

어스름
노루(老淚) 걸음 종종
서성이는 어머니

* 장고개 : 충남 공주시 우성면 대성리 대문동 소재의 고개 이름. 우성중학교와 면 소재지로 넘어가는 고개, 돌부처(일면 돌장승)와 성황나무가 있었으나 새마을 사업을 할 때 멸실되었음.

* 노루(老淚) : 노인의 눈에 고여있는 눈물.

어머니 병실에서 4

– 중환자실에서 창밖을 보며

고향 마당 쓸어내던
눈부신 햇볕이여

찔레꽃 무더기로 피어올라, 하마 지금쯤 굽이굽이 석류고개 기슭에는 눈 시린 하늘이 차르차르 넘칠라. 꼬마 장승 어깨 너머 참나무 숲에도 뻐꾸기 울음소리가 차르차르 넘칠라. 산마루 홀로 선 느티나무 잎새에도 바람소리가 차르차르 넘칠라. 반짝이는 모든 것을 모아 다시 차르차르 넘치는 노래를 짓고 있을라. 고향 시냇물에 부서지던 결 고운 윤슬이여, 멀고 먼 창가에 찾아와서 어쩌자고 부서지는가.

오늘사 병실을 찾아
어쩌자고 울리는가.

* 석류고개 : 충남 공주시 우성면 대성리 대문동 소재의 고개. 방흥리(구름마을과 원대)로 넘어가는 고개.

어머니 병실에서 5

– 1997년 5월 중환자실

꿈 꾸시는 어머니
가위눌린 잠꼬대

어머님은 꿈을 꾸고 계셨네. 잠꼬대로 일어서는 추억의 오솔길, 천리만리 먼 길을 걷다가 뛰다가 날다가 낙하하는 외마디 가위눌림도 있었네. 환중患中의 꿈길에서도 추억은 얼마나 향기로운 것인가. 바람에 날리는 유년의 사랑스런 옷고름이 보이네. 하늘 끝닿은 순정으로 치솟던 널뛰기가 살아나네. 아들 낳아 딸 낳아 손뼉 치던 환성도 들리네. 추억은 또한 얼마나 안타까운 것인가. 장마비에 쓸려 보낸 새신, 동동 울음 울던 개울물이 보이네. 세월의 굽이에서 먼저 가신 외할아버지 외할머니 외삼촌이 손짓을 하네. 피눈물로 먼저 보낸 자식, 말 못하고 가슴에 묻은 자식이 부르네. 어머니는 꿈을 꾸고 계셨네. 어머니의 잠꼬대에 피어나는 추억을 짐작하며 나도 같이 꿈을 꾸었네.

거친 숨 무너지는 가슴
두 손 모아 가누었네.

아, 어머니

자랄 때는 카네이션도 몰랐습니다.
시골에서 자라느라
어버이날도 몰랐습니다.
성년이 되어서야
어머니 가슴에 가끔 꽃을 달아드렸습니다.
언제 한 번
꽃다발 하나 가득 안겨 드리지 못하고
먼 길 가실 때에야 비로소
눈물로 꽃으로
아아, 어머님을 배웅했습니다.

제삿날에 밤을 깎으며

고집처럼 단단해진
겉껍질을 벗겨내고

속껍질 떫은맛도
숙명인 듯 깎습니다.

제야(祭夜)에
밤(栗)을 치면서
먹먹해진 귀 울림.

"나 죽거든 쓰거라."
밤나무를 심으시고

"밤톨처럼 살거라."
우애를 거두시던

아버지,
어머니 말씀에
뜨거워진 빈 가슴.

머위를 다듬으며

갓 뜯어온 머위 잎자루
껍질을 벗긴다.
줄기 끝을 갈라 쭈욱 당기면
잎맥까지 벗겨진다.

머위 풋 냄새,
쓴 맛 물씬 스며나는 이파리들,
세상을 사는 맛도 이와 같을까,
다시 손길이 간다.

모두 다듬고 손을 털고 일어서면
오른손 엄지손톱 아래
퍼런 눈물이
그대로 남아 있고
왼손 지문에도 쓴 맛이 메아리친다.

봄이 다 가야
깨끗이 지워질 것이라며 웃는
아내의 손을 잡으며
어머니,
봄내 퍼렇던 손을 다시 본다.

4부
유구천의 두루미

유구천(維鳩川)에서

침묵의 기지개를 켜는 물풀
물풀 사이 빛살을 따라
마곡사 종소리가 겨울잠을 깨울건가.
아직은 단단한 얼음도
쩡- 쩡- 금이 가고
물살 따라 여린 지느러미가
유년의 세월을 거슬러 오를 테니,
떠나 있을 때의 그리움마냥
찾아도 설레는 단심이다.
이제 산 그림자 드리우는
청명한 물결로 마음은 흐르고
흐르는 물결에 무성산을 띄워
산자락 솔바람 소리를 듣는다.
돌아설 줄 모른 채
냇둑에서 빈 그림자로 서성인다.

* 유구천 : 충남 공주시. 유구면, 신풍면, 사곡면, 우성면을 거쳐 금강에 합수.
* 무성산 : 충남 공주시 사곡면과 정안면에 걸친 산

통천포에서

나래를 쳐야지
창공을 훨훨 날아야지
속으로만 살아나는 불꽃이 일어
붉은 꽃물로 넘치는 가락

개울가에 절며, 절며
서럽도록 하얗게 바래버린
소리의 토막을 씻으며
물은 여린 가슴을 저미었다.

조약돌 주워든 아이들이
힘겹도록 내친 물방울
물방울의 너울 둘러쓰며, 둘러쓰며
무거운 나래가 비척거렸다.

다리 부러진 황새 한 마리가
외다리로 종종거렸다.

* 통천포 : 충남 공주시 우성면 동대리와 사곡면 신영리 사이 시내. 물이 휘돌아 깊은 소(沼)가 있다.

어부슴

지등(紙燈) 불빛이 차갑다.
강심 얼음을 깨뜨렸다.
얼음 밑에는 물이 흘렀다.
겨우내 굶주린
물고기의 허기를 지우기 위해
시루에 익힌 조밥 몇 술 던졌다.
작은 정성을 베풀면서
마음이 슬퍼 눈물 나왔다.
나는 누구의 어떤 선심에 감읍하며
시린 손으로 살고 있는가.
사방으로 둘러싸인 얼음벽에
작은 구멍을 내고
굶주린 나의 허기를 지우며
만족한 웃음을 짓는 자는 누구일까.
또 그를 길들이는 자는
과연 누구일까.
해답 없이 겨울밤을 꼬박 새웠다.

* 어부슴 : '어부름' 으로도 부름. 음력 정월 대보름에 겨우내 굶주렸을 물고기에게 조밥을 주는 보시의 하나. 통천포 다리 아래에서, 필자는 철장으로 얼음을 깨고, 어머니는 산천에 절을 하신 후 조밥을 떠서 얼음 구멍으로 물고기 먹이를 주셨다.

장승 곁에서

성황당 돌무덤을 지나며
부서질 듯 애절한 울음소리를 들었다.
굴참나무 옹이 속에서 터지는
휘파람 소리를 들었다.

달리던 말발굽 아래 흩어지던 억새, 그 가슴 에이는 노래, 서라벌로 가라, 사비성으로 가라, 대륙으로 가라, 중앙아시아로 가라, 바다로 가라, 태평양 먼 대양으로 가라, 활시위 소리에 놀란 새가 울었다. 밤하늘의 달을 따리라 목놓아 외쳤다. 마지막 남은 별을 따리라 외쳤다. 마지막 남은 별을 따리라 외쳤다. 파도치는 절규가 일어서서 달렸다. 우우 산기슭을 흔드는 노래로 달렸다.

대밭을 지나며
울먹이는 눈물빛보다 시린 새벽
밤새도록 이슬로 달아놓았던
어머니, 빈 가슴의 등불을 보았다.

파밭에서

삼동 추위 이겨내신
파밭은 나비춤이다

실뿌리 하얀 순수가
파랗게 힘을 얻어

옹골진 꽃대를 세우며
눈빛으로 맞는다.

어린 소녀 손톱처럼
다듬어진 꽃망울

맑은 영혼 나래 펴고
사랑으로 빚은 씨방

향마저 눈물 젖는 오월
꿈에서도 그립겠다.

여장사암(女壯士岩)

아무도 오지 않아요.
당신을 바람처럼 보낸 후에는
나뭇골 고갯마루
애끓는 가슴앓이
천 년 총총 까치풀로 자라요.

믿을 수가 없어요
딸도 자식인데
아들과 같은 자식인데
가마솥 탁탁 튀어 고소한
어머니 정성 한 줌 콩이
죽어라, 죽어라 덫이었다니요.

무서운 소리였어요.
대성(大城) 들을 지나서
섬바위 어깨에 빗기운 불볕
바람결에 식히며
들려오는 발자국소리
금송아지 가슴 쥐는 방울소리.

아직도 눈부신 인연이 있어요

충남 공주시 우성면 대성리
새마을 길로 잘린
고갯마루에는
전설의 옹알이가 주질러 앉아
불러요, 당신을 불러요.

* 女壯士岩 : 충남 공주시 우성면 대성리 소재의 고개. 일명 홀길동 바위, 치마 바위라고도 불리는데 '오뉘힘내기' 전설로 남아 있다. 새마을 사업을 할 때 돌을 깨어 사라졌음.

섬바위 연가 1

뜨거운 가슴마저
섬으로
띄워놓고

빛살 고운 바람을
마중하러
길을 찾네.

혼절한
사랑을 깨우며
천 년 사는 저 눈빛.

* 섬바위 : 충남 공주시 우성면 대성리 '섬바위' 라는 곳에 있는 큰 바위. '대문동' 에서 '돌고지' 로 가는 언덕에 커다란 바위가 하나 서 있었는데, 개발시대에 깨뜨려 잡석으로 쓰느라 하단 부분만 1/3이 남아 있음. '선바위(立岩)' 라고 도 하고 '섬바위(島岩)라고도 함.

섬바위 연가 2

부모님 곁에 나무를 심습니다.
먼먼 길도 꽃길이 되라고
나무마다 별을 답니다.

매화가지 산(算) 놓고 드시라고
술잔도 묻습니다.
저기 저 대추 맛나게 드시라고,
밤송이 아람 벌면 드시라고,
틀니도 함께 모십니다.

섬바위 자락에서 감읍(感泣)하는
눈물어린 자애(慈愛),
그리움으로 나무를 심습니다.

* 섬바위 바로 아래에 묘소를 조성하여 부모님을 모셨다. 주변에 매실나무 밤나무 대추나무 모과나무를 심었다. 묘소 옆에 2014년 어버이날을 맞아 이 시를 돌에 새겼다.

모내기

1.
조막논 서 마지기
다랭이논 열두 다락

구부리면 코 끝인데
먼저 가긴 힘들고

품앗이 날품팔이에
지는 해가 더디다.

2.
게걸음, 가재걸음
흙탕물이 튀기는데

걸걸한 입씨름
앵화 도화 다 꺾고

산기슭 울리던 노래
벙근 입이 아쉽다.

3.
소 몰던 어르신은
쟁기 써레 던져두고

탁배기 한 잔 술에
온갖 시름 다 잊는데

씨앗의 꿈이 여문다.
긴 긴 해가 짧다.

그대와 나는 서로의 별이다

그대 함께 가자.
우리네 가슴 적시는 눈물 같은 사랑도
그래, 숙명(宿命)이라 하자.

그대 곁에 내가 서고,
내 곁에서 그대 또한 웃으면
마음이 만나는 자리도 한 둘레 환하리니
둥기둥, 푸른 하늘을 닮아보자.

어디 미워할 사람 있던가.
혹여 사랑 반 미움 반으로
가슴 비치는 작은 노여움이 있을지라도
그대는 내 반쪽이야,
나는 또한 그대의 반쪽이야,
하나가 되어야 하지 않겠는가.

새해를 맞이하는 소망은
불씨와 같음이니
불씨가 길어 올리는 연가(戀歌)일지니
그 기쁨을 함께 나누며
사물놀이 장단에 '얼쑤, 좋다!' 매겨 보자.

그대 함께 가자.
한 자리 마주하여 우리네 손잡음도
세세년년(歲歲年年) 업원(業願)이라 하자.
그대와 내가 서로의 별이며
서로의 사랑임도
그래, 숙명(宿命)이라 하자.

고령산 달리기

– 우성초등학교 운동회 경기

유구천을 뛰어 건너면
울울창창 검은 산
산기슭 비둘기 집
바람 타는 동요 가락

우리는 숲을 헤치며
깃발 찾아 달렸다.

서둘러 오른 숲
굽이마다 푸른 향기
헐떡이며 내려갈 때
배웅하는 나뭇가지

잎잎이 우리를 반겨
돌아보며 달렸다.

* 고령산 : 충남 공주시 우성면 동대리 우성초등학교 건너편에 있는 산. 가을 운동회 때 시내를 건너 산 중턱에 꽂아놓은 깃발을 뽑아 먼저 도착하는 팀이 승리. 나는 달리기를 못하여 늘 뒤처졌다.
* '고랑산' 이라고도 불렀는데 지도에는 '묵방산' 의 먼 기슭으로 되어 있음.

빛으로 세운 배움의 성전

빛이 있으라 하시매 빛이 있었듯이
눈 뜨는 생명의 복지(福地),
충청도 땅으로 가서 빛을 밝히라 하시매,
선교사 프랭크 윌리엄 목사께서
1906년 공주(公州)에
영원한 빛(永明)의 요람을 세우셨습니다.
정성으로 가꾼 선교와 교육의 일념은
1940년 일본의 총칼에 추방당할 때까지
하늘의 별처럼 빛나는 애국지사,
능력 있는 참 일꾼들을 기르셨습니다.

유관순 열사의 뜨거운 겨레 사랑은
영명의 가슴이었습니다.
동경에서 독립선언을 주도했던 윤창석 동문,
1919. 4. 1 독립 만세 사건으로 구속된
김관희 이규상 김수철 선생님과 학생들,
민족의 지도자 유석(維石) 조병옥 박사,
수많은 정치가, 기독교 지도자들, 문화예술인들이
한결같은 영명의 형제들이었습니다.
모두 자랑스러운 영명의 깃발이었습니다.

어둠에서 빛을 밝히는 영명학교는
선진 교육의 표상이었습니다.
농촌 계몽 운동의 지도자를 양성하면서
전인 교육을 앞장서 실천하였습니다.
동아일보와 조선일보를 자주 장식하며
민족의 횃불로 빛나고 있었습니다.
아, 우리 영명 학교는 일본의 총칼에 맞서다가,
교문이 닫히게 되었지만,
뜨거운 애국정신으로 통한의 겨울을 극복하고
1949년 9월 28일 다시 교문을 열었습니다.

그 하늘 아래, 오늘의 우리 젊은이를
최고의 지성인으로 육성하기 위해 불을 밝힙니다,
종교, 정치, 행정, 스포츠, 예술계의
으뜸별로 우뚝 서도록 북돋우어 가꿉니다.
나라와 겨레를 위해 봉사하는
영명의 정신을 되살리고 있습니다.
손 모아 가꾼 장학(奬學)의 땀과 사랑이
인재(人材)로 열매 맺도록 합심하고 있습니다.

우리 영명인의 한결 같은 단심(丹心)은

희생(犧牲)이어라!
봉사(奉仕)여라!
정의(正義)여라!
나라와 겨레를 위한 끝없는 사랑이어라.
이제, 개교(開校) 100년!
창학(創學)의 초발심이 누리에 퍼져
감동의 메아리를 새로 짓고 있습니다.

내일의 세상을 밝힐 찬란한 별이여,
그대, 영원한 빛(Eternal Brightness)이여,
다시 100년을 위해 웅비할
그대, 뜨거운 가슴이여!

* 2007년. 공주영명중고등학교 개교 100주년 축시.

일락동산 봄비

신생의 말씀이듯
여울지는 봄비여

아름다운 추억이
건져낸 맑은 노래

어둠의 뿌리를 씻어
거듭나는 눈부심.

마음을 어르는
그대 여린 손짓으로

은백양 가지 사이
종종이는 텃새 울음

침묵의 버걱*을 벗느라
물안개를 가꾸네.

* 일락동산 : 충남 공주시 금학동에 있는 공주교육대학교 교정의 별칭. 학교가 일락산(일설 월락산) 아래 있음.

* 버걱 : 나무 둥치의 겉껍데기. (예, 잎이 피기 전에 사과나무 버걱(껍데기)을 긁어내어 병충해를 예방하자.)

가을비

할머니
무 다듬는
산골짜기
밭머리.

억새꽃
하얀 머리에
가을비 내려
춥겠다.

'아이구
감기 들겠다!'
눈물 글썽
단풍잎.

사진 한 장 1

때로는, 기억에도 없는 사진,
백일사진일까,
돌 사진일까,
번진 듯 흐려진 사진 한 장을 보면
애써 참아도 눈물이 난다.

어떻게 어린 나를 안고
읍내까지 그 먼 길을 다녀오셨을까,
차도 없고
버스도 다니지 않던 시절에
먼 길을 걸어서 두 분이 다녀오셨을까.

두 분이 걸으셨던 신작로 30리 길에
미루나무 그늘이라도 짙었을까.

가난하셨던 아버지 어머니가 남기신
흑백 사진에
아직도 두 분의 숨결이 따사롭다.

사진 한 장 2

아버지는 가난하셨다.
어머니도 가난하셨다.
어린 나는
우리 집이 가난한 걸 모르고 자랐다.

중학교 입학식을 하던 날
처음으로
중학동 골목길 연미사진관에서
학생증 사진을 찍었다.

사진관에 가서
돈을 내고 찍은 사진은 처음이다.
얼굴이 환한 사장님이셨다.

* 연미 사진관 : 공주시 국고갯길에 있는 스튜디오.

반죽동(班竹洞)에서

좁은 골목 이리 돌고 저리 돌아
오던 길을 다시 걸어도
조잘대던 참새가 보이지 않는다.

어느 곳으로 놀러 갔는지
그도 아니면
기러기 아빠의 자식들처럼
산 설고 물 설은 나라로 떠났는지
도통, 새소리가 들리지 않는다.

골목에서 천변으로 나서자
조선시대 양반들의 기침소리와
새삼, '하늘천 따지'가
물소리 속에 섞여 흐른다.

* 충남 공주시 반죽동. 제민천변에 있음.

교동의 풀잎

프랑스 시골풍의 집들도 자리 잡았다.
몇몇은 머리를 들어 올려보아야 하는
아파트로 변신하여
옛 모습이 보이지 않는데,
몇몇 조선의 처마들이
낮은 하늘을 지키고 있다.

차들이 엉켜 흐르는 제민천을 걸으며
풀들을 만난다.
아직도 가갸 거겨 외는 소리를 듣는다.
다른 나라에서 이민 온 클로버도
하얀 꽃을 매달고
작은 잎잎마다 에이(A) 비(B) 시(C)를 왼다.

지나는 젊은 여성의 스마트폰에서는
리빙스톤의 목소리가 들리고.

* 교동 : 충남 공주시 교동. 향교가 있음.

겨울 징소리

목소리도 얼어붙습니다. 모두
잠들어 쉴지라도
몇 마리 새는 깨어 있어야겠지요.
맨발로 겨울을 지내는 까치떼마저
울지 않으면
가슴의 살얼음은 누가 흔듭니까?
서릿발 속에 갇힌 보리싹은 누구의
노래로 일어납니까?
"언젠가 봄은 오겠지
동지섣달 정이월 지나면
기다리는 봄이야 오겠지."
아버지 징채처럼 깔끄러운 손 비비며
참는 법을 익힙니다만, 이제
풀리지 않는 언 가슴에
징소리가 울립니다.
찬바람 흔들며 겨울에도 징소리는
갈기를 세워야겠지요.

홍시(紅柿)

모두 떠나고 남은 외로움이 창공에 매달려, 혹여 그대의 입술을 훔치고 가뭇없이 사라지리라 다짐하였지만, 아무도 모르게 감추어진 아픔이 버겁네요.

별이 와서 머리를 쓰다듬어도, 속으로 얼어 터지는 아픔을 상상이나 하겠어요? 볼도 얼부풀어 터졌다가 녹았다가 겨울 하늘을 지키는 늙은 감나무.

아차차 봄이 되면 떨어지고 부서져, 지나는 너구리나 오소리에게 온몸을 내준다고 해도, 아직은 하늘이 내 집이어요, 아직은 오만한 사랑이고 싶어요.

5부

내 고향은 공주다

충청도 사람들은

충청도
사람들은
모닥불 장작이다.

타는 듯 잠자는 듯
불씨를 지키다가

누군가
기름을 부으면
화산처럼 터진다.

금강은 물비늘을 가꾼다

금강은 겨울에도 잠을 자지 않는다.
눈보라가 휘몰아치거나
대설로 온 세상이 하얗게 덮이거나,
때로는 얼음이 쨩쨩하게 쇳소리를 내도
흐름을 멈추지 않는다.

가끔 계룡산 능선을 넘어온 바람이
핫바지처럼 헐렁한 마을,
그 마을의 온기(溫氣)를 흩어내기도 하지만,
대숲에서 조잘대던 참새처럼
멍청도 가슴에 짜깃짜깃 금이 가기도 하지만
눈을 감고 기다릴 줄 안다.

신단수 가지 사이에서 일어난 된바람과
고구려 말발굽소리가 들릴 때도,
대왕암 휘돌아 넘치던 파도소리가
샛바람에 실려 신라 화살처럼 윙윙거릴 때도,
차가운 눈(雪)이 보리 싹을 감싸 지키듯
무던하게 부둥키고 살던 사람들.

수분 마을 뜬봉샘에서 솟아
내를 이루고, 어느새 큰 강으로 자라서
서해로, 대양으로, 깃발을 펄럭이기도 한다.
얼룩진 세월 저만치 놓아두고
물비늘에 사랑을 가꾸며 흐른다.

계룡산 초가을

계룡산 초가을
눈부신 아침 마당

쓰르라미 소리에
깃을 터는 연천봉

월견초
노란 꽃초롱에
그리움을 담는다.

계룡산

그대 사랑이다.
질정 없는 그리움이다.

풀들이 길을 열고
바람이 앞서 간다.

산자락
여울 소리에
푸른 함성이 자란다.

결 고운 메아리
가슴에 간직하며

지친 영혼 받아주는
따사한 손길이다.

누천 년
신비 위에 뜬
희망의 섬이다.

계룡1경, 천황봉(天皇峰) 일출(日出)

기다림의 눈물을 씻으며
둥기둥 해가 뜬다.
단아한 백제 후예들의 슬픈
허리띠를 풀어낸다.

옷고름 깨물고 참아온
억센 매듭을 이으며
여울로 흘러넘치는
너와 나의 아픔을 되새기며

둥둥 울리는 북채여,
살얼음 깨는 업고의 징채여!

* 계룡팔경 : 여덟 작품 모두 10구체 향가(鄕歌) 형식을 원용.

계룡2경, 삼불봉(三佛峰) 설화(雪花)

귀밑머리 하얗게 지피던
어머니 손때 묻은 떡살무늬
산사(山寺) 풍경소리 낙수 지는
누이의 얼굴 같은 상사꽃

안개로 풀리는 비비새 울음에
청청하게 살아나는 초승달
해 지는 산허리
둥실 떠오르는 꽃송이

마디마디 꿈결로 흐드러져
넘쳐도 좋을 사랑아.

계룡3경, 연천봉(連天峰) 낙조(落照)

가슴 뜨겁게 놀라도록
우리네 얼얼한 숨결을 사랑하며,
화사한 노래를 부르며
단심(丹心)으로 꽃 피우고 있다.

서해 드넓은 품을 건너서
금강 푸른 이랑 지나서
대웅전 초성(草盛)한 골마루 비껴서
활활 살아나는 입김이다.

어허라 춤추는 깃발처럼
저리도록 애끓는 연가(戀歌)처럼.

계룡4경, 관음봉(觀音峰) 한운(閒雲)

어쩌자고 너는, 어쩌자고
임 떠난 가슴에
수심(愁心) 짓는 꽃살무늬
치맛자락으로 떠 있는가.

어쩌자고 너는, 어쩌자고
곱다란 비구니
눈물방울 그 무량(無量)의
눈썹으로 떠 있는가.

몰라라, 그리움도 몰라라
화사함도, 다정함도 몰라라.

계룡5경, 동학계곡(東學溪谷) 신록(新綠)

학고개
눈부신 속살
걸음마다
움트는 춘정(春情)

산철쭉
쌀개능선
꽃그늘 자락마다
청아한 물소리

어둠을 펴내는
지심(地心)의 목탁소리

계룡6경, 갑사계곡(甲寺溪谷) 단풍(丹楓)

꽃불로 일렁이고 있다.
오리숲 굽이굽이에서
금잔디 고개 풀섶에서
용문폭포 언저리에서

꽃불로 서걱이고 있다.
나부끼는 청대 잎새에서
속절없이 설레는 잔물결에서
부엉이 목쉰 하소연에서

백일홍 꽃 지자
얼굴 붉히는 산아, 하늘아.

계룡7경, 은선폭포(隱仙瀑布) 운무(雲霧)

선녀가 놀다간 자리에는
맑은 전설이 열리더라.
옷 벗어 걸었던 나무가
하 천년을 기다리더라.

하늘도 놀란 물기둥
놀란 가슴 식히는 물기둥
앉았던 바위, 금 간 그 바위
꿈결인 듯 다사롭더라.

60척 단애에 학의 무리 내리는데
하얀 깃 부서져 갈피갈피 날리는데.

계룡8경, 오뉘탑 명월(明月)

이 가슴 영롱한 사랑을
그대 모르시나요.
꿈결에도 부여잡는 옷깃을
그대는 모르시나요.

누이의 그 마음 연분홍빛을
아느니라. 나는 아느니라.
그러나 어이하리, 누이여
이 한 몸 부처님에 바친 뒤이니.

서방(西方)으로 가던 달이
언뜻 머문 곳에 맴도는 풀피리.

소망의 길이어라

그리움으로 별을 닦는다.
먼 옛날 신단수 감돌던 노래가
푸르게 살아나서

산을 넘어 달리리라
강을 건너 달리리라
그대를 향한 뜨거운 소망으로
여기, 길을 연다.

그대와 나의 맑은 눈빛이
새 역사를 쓰면
어둠 사이로 무지개가 솟으리.
가슴에 묻은 시련도
고운 꽃으로 피어나리.

길은 언제나 반가운 만남이려니
찾아오는 사람이나
떠나는 사람이나
고향처럼 살가운 것이려니

이제 충청도,
하늘처럼 눈부신 약속의 땅에
정겨운 소망을 심는다.

* 대전-당진 고속도로 준공 축시. 공주휴게소에 세운 준공 기념탑 아래 석비(石碑)로 새겨져 있음.

질경이의 노래

푸른 수숫대로 설 수 있다면
바람에 서걱이는 잎새
그 노래로라도
아픈 가슴 달랠 수 있다면

이처럼 땅에 엎디어
그리운 사람
그리운 사람 기다리는
눈물은 없었을지라.

까마득히 높은
미루나무로 설 수 있다면
까치집 다순 체온을
아, 사랑으로 감쌀 수 있다면

이토록 주저앉아,
그리운 이름
그리운 이름 부르다 밟히는
고통은 없었을지라.

먼 하늘 떠도는,
떠도는 흰구름처럼
산너머, 산너머 흐를 수 있다면
그리운 사람 만날 수 있다면.

강변(江邊) 야행(夜行)

나룻배마저 사라진 디디울나루
강 건너 먼 하늘에
별들이 눈꽃처럼 웃는 것은
얼마나 슬픈 일인가.

대숲에서 소살대던 바람소리
목어(木魚) 속을 맴돌다가
낮은 음(音)으로 가슴을 적시는 밤

나에게 그대는 무엇인가
그대에게 나는 무엇인가
이 밤을 떠도는 그리움은
어느 섭리(攝理)의 그물이며
어디쯤에서 비롯된 길인가.

강물은 예전처럼 흐르는데
그 사람 숨결은 멀어지고
별빛만 찬란하여 나는 슬프냐.

우금치에서

1.
물너울로 헤살 짓는
가슴 아픈 꽃샘바람

농병들의 원혼이 꽃불로 살아나서, 휘도는 바람 속에 개혁도 날아갔다. 욕심을 더한 일로 아름답던 꿈이 부러졌다. 얼음 같던 세월도 금세 녹아내렸다.

천심(天心)을 찾아 헤매도
빈 하늘에 빈 걸음

2.
세상 향해 터진 분노
도지는 가슴앓이

맑은 하늘 산줄기 고운 물빛을 지우며, 광란하듯 일어서는 모래바람이 있었다. 모래를 날리며 여린 떡잎 휘갈기고, 다시금 휘몰아쳤다가 이내 사라졌다.

순간을 몸부림쳐서
영겁으로 거듭나고.

멍청도 봄타령

– 어느 할머님 영전에

저 멀리 이어도에서부터 한걸음씩
봄은 왔지만유
물줄기를 휘날리며 느릿느릿
봄은 왔지만유
멍청도의 봄은 봄이 아녀유
멍청도의 봄은
꿈이 아녀유, 소망이 아녀유
멍청도의 봄은 눈물이여유,
그냥 슬픔이여유.

집이 헐리자 칠순의 할머니, 우리의 할머니는 스스로 목을 매달았느니라. 무거운 건물이라서, 강제로 철거되는 삶의 보금자리가 마냥 슬픔이라서, 허리띠로 목을 매달았느니라. 돌아보고 다시 돌아보아도 손때 묻은 내 집이 좋아서 칠순의 할머니, 우리의 할머니는 하늘만 빼꼼이 바라보이는 창틀에 목을 매달았느니라. 정든 곳 두고 갈 곳이 없어서, 지난날이 허갈나게 슬퍼서, 우리의 할머니는 스스로 목숨줄을 끊었느니라.

어이헌대유, 할머니
이제 이 일을 어이헌대유
이렇게도 눈부신 날에, 할머니

그럴 수가 있유,
그럴 수가 있는규
칠십 평생이, 아이고 허물어졌네유
칠십 평생이 아이고 간데없네유
할머니, 어이헌데유
이제 할머니 어이헌데유.

목을 매달아 저승전에 가신 할머니는 캄캄한 그믐날에 그믐달 같은 은장도로 산목숨을 찾았느니라. 이놈들아, 야 이놈들아, 산목숨이 죽은 목숨이니 정신 차리라며 바늘침을 놓았느니라. 살아생전 곧게 살라며, 그믐달 같은 은장도로 시퍼런 불꽃을 세웠느니라. 가난하고 힘없는 자 돌보라며, 그 긴 혀뿌리로 우리의 얼굴을 찾았느니라. 네놈들의 세상이 온전히 네놈들의 세상만은 아니라며, 핏발선 두 눈, 튀어나온 두 눈알로 소리치며 노려보았느니라.

멍청도의 봄은
콧물이여유, 한숨이여유
멍청소의 봄은 죽음이여유
멍청도의 봄은 봄이 아녀유,
진짜 봄이 아녀유
바람 따라 나비 따라 왔지만유

꿈이런 듯 허위허위 왔지만유
멍청도의 봄은
빈 가슴, 아픈 가슴이여유.

* 이 시는 창작될 당시(1980년대)의 실화를 바탕으로 형상화하였음.

고가(古家)

싸리꽃 흐드러진 한 마장길
두근거리는 발치에
추억처럼 옛집이 앉아 있다.

박꽃 이우는 밤새
별이랑 달이랑
다정이 서러워 흘린 눈물이랑
싹터 자란 마음들이었을까.

사립문 성긴 틈으로
불빛이 서성이고
참죽나무 가지 끝 액매김한
종이 연 하나 아직도
아픈 몸짓인데

지칠 줄 모르는 바람소리,
부엉이 울음소리.

12월의 사랑

바다로 떠나 물새가 된 사람아.
애틋한 갈망으로
첫눈이 멍든 세월을 감추는데

그리움이듯 눈이 내려도
바람 속에 내려, 다시 쌓여도
표류하지 않으리.
다시는 슬퍼하지 않으리.

모래밭 지워지는 발자국에
눈물을 묻으며
뜨거운 포말(泡沫)이 솟아나는데

지금쯤 그대는
침몰하는 추억을 간직한 채
어느 먼 하늘 아래
외로운 섬으로 떠 있나.

■ 자작시 해설

꿈길에서도 거니는 공주 산하(山河)

리 헌 석(李憲錫)

1. 서정의 샘터, 디디울나루

디디울나루는 고향에 있는 금강의 작은 나루였다. 충남 공주시 웅진동과 우성면 평목리를 맞대고 있는데, 중고등학교 6년을 하루같이 나룻배를 타고 통학을 했다. 그곳에서 젊은 시절의 이상을 새기기도 했고, 아름다운 서정을 가슴에 담기도 했다.

아침 일찍 일어나 20여 리(약 10km) 시골길을 걸었다. 계절마다 새롭게 펼쳐지는 아름다운 강나루는 추억의 보물창고였다. 봄이면 화사하게 웃는 산 벚꽃이 손짓을 하고, 여름에는 가슴을 흔드는 여울소리가 정겨웠다. 가을이면 억새가 하얗게 춤을 추었고, 겨울에는 눈보라 속에서 싱싱하게 살아야겠다는 다짐을 세우기도 했다. 그런 가운데 짝사랑의 추억을 간직하게 되었고, 그 때의 정황을 시로 빚었다.

강물에 비친
새벽별
아름다운 영혼을 보았다

섬바위에 앉아 바라보면
도라지 꽃빛으로 출렁이던
뭇별들이 사라지고
촛불처럼 남은 하나

그대를 향한 사랑도
새벽별
저처럼 외로운 걸까

미명이 걷히고 나면
이슬로나 내려앉을 별이여
바람에 흔들리다가
가슴에나 남을 혼불이여

—「디디울나루 새벽길」 전문

아름다운 자연만 친구가 되는 것은 아니다. 감수성 예민한 청소년기를 함께 보내다 보면, 선배와 친구, 그리고 아우들이 모두 한 가족과 같다. 누구는 아침밥을 굶었다든지, 누구와 누구는 좋아지내는 사이라든지, 누구는 얼굴보다 마음씨가 곱다든지 시시콜콜 모르는 게 없을 정도니 말하여 무엇하랴.

좋아하는 여학생이 있었다. 좋아하면서도 속내를 보이지 않았다. 물론 그 여학생도 나를 싫어하지 않는 눈치였지만, 내성적인 숙맥이라서 터놓고 사랑을 고백하지는 못했다. 언필칭 짝사랑을 하는 사이 세월이 흘렀다. 그때의 심정을 되새긴 것이 앞의 작품이다. 사랑을 고백하지는 못했지만, 그리하여 멋들어진 추억을 간직하지는 못했지만, 작품 한 점 얻었으니 그것으로 만족해야 할 일이 아닌가.

2. 세월이 갈수록 그리운 장승

성황당이 있었다. 고갯마루를 지키는 돌무더기 옆에는 당산나무가 오색 헝겊을 휘날리며 휘파람소리를 만들고, 그 옆에는 돌장승이 머리가 떨어진 채 눈비를 맞으며 세월을 가늠하고 있었다. 돌장승은 '장승'이라고도 하고, '벅수'라고도 하는데, 마을을 지키는 수문장의 역할을 하기도 했고, 마을과 이웃 마을의 거리를 나타내는 이정표 역할을 하였다고도 한다.

초하루나 보름이면 마을 아낙들이 성황당 장승이나·당산나무·돌무덤 앞에 떡시루를 놓고 가족의 안녕을 빌었다. 학교에서 돌아올 때면 성황당 근처를 두리번거렸다. 가끔 명태포나 떡을 얻을 수도 있고, 대추나 알밤을 집어먹으면서 시장기를 면하기도 했다.

성황당 돌무덤을 지나며
부서질 듯 애절한 울음소리를 들었다
굴참나무 옹이 속에서 터지는
휘파람 소리를 들었다

〈중략〉

대밭을 지나며
울먹이는 눈물빛보다 시린 새벽
밤새도록 이슬로 달아놓았던
어머니, 빈 가슴의 등불을 보았다

—「장승 곁에서」일부

언제이던가, 성황당 돌무덤을 지날 때, 돌무더기에 앉아 흐느끼는 여인을 본 적이 있다. 살기가 힘들어서 그랬거나, 돌아가신 부모님을 생각하면서 그랬거나, 먼저 보낸 자식 생각에 가슴을 뜯으며 그랬거나, 시집살이가 고달퍼서 그랬거나, 어쩌면 소박을 맞아 오갈 데 없어서 울었거나, 하여튼 서글프게 우는 여인을 보았다.

바람이 부는 날이면 성황나무 가지를 흔드는 휘파람 소리가 들렸다. 굴참나무 구멍이 뚫린 옹이 자리에서 휘파람 소리가 들렸다. 성황당에서 울던 아낙의 한 서린 울음소리도 같고, 힘들게 짐을 나르던 삯군들의 긴 호흡도 같았다.

때로는 전쟁터에 나가 산화된 병정들의 혼이 억새풀에서 되살아나는 소리, 산기슭을 흔들며 달리는 외마디 외침소리와도 같았다. 그 휘파람 소리는 나무 가지를 흔들다가, 옹이 속에서 동그라미를 만들다가, 구멍 속으로 휘돌아 빠져 나가는 바람소리였지만, 수많은 상상력을 동원하게 하는 마력이 있었다. 친구들마다 그 소리의 느낌이 달랐으니, 그야말로 천의 소리가 아니었나 싶다.

성황당 근처에는 대밭이 있었다. 새벽에 등교하느라, 그 대밭을 지나며 언 손을 호호 불기를 얼마나 했던가. 그 새벽의 여명은 울먹임을 만들었고, 그 울먹임 속에 방울방울 떨어뜨리는 눈물빛이 시렸다. 그 시린 새벽과 어둔 저녁길을 걸어, 왕복 50리길을 통학하다 보면 참으로 많은 이야기가 생기게 마련이다.

저녁 늦어서 귀가할 때면, 어머니께서 기둥에 지등(紙燈)을 걸고 기다리셨다. 자식만을 걱정하시는 어머니 가슴, 그 순간만큼은 자식 외의 모든 것을 비운 마음이셨을 게다. 그 빈 가슴에 달아 놓은 등불을 보면서 나는 어머니의 사랑에 감읍하였다.

3. 어린 시절 기어오르던 섬바위

고향의 섬바위를 찾았다. 어릴 때에는 우뚝 솟아 있어 올려보기도 힘들 정도로 높았던 바위였다. 그 바위 꼭대기까지 올라가는 것만으로도 또래들 앞에서 우쭐거릴 수 있을 만큼 오르기 힘들었는데, 지금은 반쯤 낮아져 있다.

그 바위가 수난을 당한 것은 새마을 사업이 진행되던 시기였다. 새마을 사업을 하면서 나무골 고개에 있던 홍길동 바위 일명(치마바위, 여장사암)가 사라졌고, 성황당 돌무덤이 사라졌으며, 성황나무가 베어져 사라졌다. 민담(民譚)으로 전해진 '홍길동 바위'는 멍석처럼 넓었으며, 얇고 투박한 원반처럼 생겼었다.

촌민들 사이에서 전해지는 홍길동 설화는 이러했다. 홍길동이 무성산에 성을 쌓은 뒤에 그 성문으로 쓸 바위를 나르다가 쉬던 중이었다고 한다. 그런데, 나라에 반역하는 것이 두려웠던 어머니와 여동생의 꼬임에 빠져 홍길동은 콩을 하나씩 먹으며 걷다가 시간을 맞추지 못하였고, 시간을 어기게 되자 눈물을 흘리며 금강에 뛰어들어 죽었다는 것이다.

이런 민담과 함께 나무골 고개에는 돌무덤과 성황나무가 있었다. 봄이 되면 그 돌무덤에서 겨울잠을 자고 나온 뱀들이 떼를 지어 내려와서 마을 사람들은 뱀을 밟을까봐, 그 곳을 피해 다녀야 했다. 소원을 담은 색색 천을 두른 성황나무에서는 기이한 휘파람소리가 들려 밤길은 무섭기만 했다.

그러던 중, 거국적인 새마을 사업이 시작되었다. 미신을 타파해야 한다고 성황당 돌무덤을 파헤쳤고, 고갯길을 넓히기 위해 '홍길동 바위'도 깨뜨려 자갈로 썼다. 성황나무도 베어 불태웠다. 따로 서 있었던 섬바위도 수난을 겪었는데, 화약으로 폭파하는 바람에 상단이 떨어져 나갔고, 잘게 부수어져 자갈로 쓰였다.

이처럼 추억을 조각낸 새마을 사업이지만, 나는 새마을 사업을 긍정적으로 수용한다. 죽을 만큼 서러웠던 보릿고개를 사라지게 하였고, 당시 만연하던 미신(迷信)에서 벗어나게 한 것은 단군 이래 가장 훌륭한 일이라고 생각하고 있다. 그렇지만, 추억 속에서는 여전히 아쉬움이 남아 있는 것 또한 사실이다.

뜨거운 가슴마저
섬으로
띄워놓고

빛살 고운 바람을
마중하러
길을 찾네.

혼절한
사랑을 깨우며
천 년 사는 저 눈빛

—「섬바위 연가 1」 전문

나는 성황당에 대한 추억을 시와 수필로 옮겼고, 나무골 고개에 있던 홍길동 바위도 시에 담았다. 그렇지만 섬바위를 바라보는 것만으로도 아름다운 동심을 되살릴 수 있어 행복하다. 그 섬바위는 추억 속에서 영원한 내 연인으로 남아 있다.

이제 성황당 돌무덤은 만나 볼 수가 없다. 홍길동 바위도 어디로 갔는지 찾을 길이 없다. 그리고 성황당 고목에서 날리던 청홍 색색의 깃발과 소원을 비는 천 조각도 추억 속에만 머물러 있다. 오로지 현실에서 만날 수 있는 유일한 대상이 섬바위이기 때문에 내 가슴에서 더욱 정겹게 살아나는 것이리라.

섬바위 바로 아래에 묘소를 조성하고 부모님을 모셨다. 그래서 매년 몇 번씩은 섬바위를 찾게 마련이다. 설을 쇠고 성묘를 하러 갔다가 잠시 우러러 본 섬바위는 반쯤 내려앉은 모습이지만, 추억 속에는 언제나 우뚝 솟아 있다. 오랜 세월이 흘렀지만 한결같이 고요 속에서 사랑을 가꾸고 있다. 가느다랗게 실눈을 뜨고 나를 반기고 있었다.

4. 공주휴게소 돌에 새긴 시

대전에서 당진을 잇는 고속도로가 어느 정도 완공될 무렵에 모르는 분으로부터 전화를 받았다. 고속도로 준공 기념으로 조형물을 세운다는 것, 대전-당진 고속도로 준공 기념 조형물을 조각가 권치규 선생이 설치한다는 것, 그 조형물에 수록할 시를 청탁한다는 말을 한국도로공사 관계자로부터 들었다.

다음날, 이메일(E-mail)로 조형물의 조감도, 시를 새기게 될 비석의 모양과 위치 등을 보내왔다. 그러면서 고속도로 준공의 의미를 담은 시 1편을 기간에 맞추어 창작해 줄 것을 요청하였다. 전에는 한국도로공사 사장 명의로 준공기(竣工記)를 돌에 새겼는데, 최근에는 그 지역 대표 시인의 시로 대신한다고 했다.

"나는 대전과 충청남도를 잇는 대표 시인이라고 할 수 없는데 어떻게 된 일입니까?"

물었더니, 간략하게 선정 과정을 설명했다.

"대전-당진 고속도로이기 때문에 대전과 충남의 시인으로 1차 집약을 하였습니다. 그 다음에는 기념 조형물 설치 장소가 충남 공주시 지역이어서, 그 지역 출신이거나 그 지역에서 활동하는 시인으로 2차 의견을 모았습니다. 또한 이 작품의 성격상 '목적시'이기 때문에 서정과 의미를 아울러 담아낼 분을 찾았습니다. 이런 절차에 의해 원로 시인부터 젊은 시인까지 추천을 받았습니다. 기존의 작품들을 구해 심의기준을 삼아 선정하였습니다. 리헌석 선생님은 충남 공주시에서 태어나셨고, 대전에서 활동하고 있으며, 현재 대전문인협회 회장을 맡고 있고, 여러 편의 목적시가 두드러졌다는 심의위원들의 견해였습니다."

그리하여 여러 날을 고심한 끝에 시를 지었다. 그 작품이 「소망의 길이어라」이다. 공주에서 대전을 향한 공주휴게소 조형물 아래 새겨져 있다.

그리움으로 별을 닦는다.
먼 옛날 신단수 감돌던 노래가
푸르게 살아나서

산을 넘어 달리리라
강을 건너 달리리라
그대를 향한 뜨거운 소망으로
여기, 길을 연다.

그대와 나의 맑은 눈빛이
새 역사를 쓰면
어둠 사이로 무지개가 솟으리.
가슴에 묻은 시련도
고운 꽃으로 피어나리.

길은 언제나 반가운 만남이려니

찾아오는 사람이나
떠나는 사람이나
고향처럼 살가운 것이려니.

이제 충청도,
하늘처럼 눈부신 약속의 땅에
정겨운 소망을 심는다.

—「소망의 길이어라」 전문

이 작품은 역사성과 지역성을 고려하였다. 고속도로를 통하여 과거와 현재가 만나고, 이웃과 이웃이 소통하고, 우리 지역과 타 지역의 사람들이 서로 만나 정을 나누고 싶다는 간절한 소망을 노래하였다.

서두의 <그리움으로 별을 닦는다./ 먼 옛날 신단수 감돌던 노래가 / 푸르게 살아나서>의 신단수(神檀樹)는 우리 겨레의 역사적 시원(始原)을 일컫는다. 고대 우리 민족이 형성되던 시기의 상징물이었던 신앙적 나무에 감돌던 신비스러운 노래에 뿌리를 두었다. 그 노래가 시련의 역사를 극복하고 길을 열어서 대전-당진 고속도로를 건설하게 되었다는 의미를 담았다.

이러한 역사는 충청도 사람처럼, 혹은 생각만 해도 마음이 푸근해지는 고향처럼, 반갑고 살갑다는 의미를 지닌다. 특히 충청도를 [하늘처럼 눈부신 약속의 땅]이라고 노래한 것은 충청도 사람으로서의 긍지이기도 하다. 그런 마음을 담아 쓴 작품이 돌에 새겨져 오가는 사람을 반긴다. 나를 아는 지인들이 감상을 하고, 사진으로 찍어 보내주는 정성도 고맙다.

5. 대전현충원 순국 선열 안장식 추모의 시

장명식이라는 분으로부터 전화를 받았다. 자신을 육군 장성 출신이라고 밝힌 그 분과 대화를 나누었다. 국립 대전현충원에서 지인의 안장식이 거행되어 참석하였는데, 의식 끝마무리 순서에 [임을 위한 헌시]가 낭독되어 눈물을 흘릴 정도로 감격스러웠다고 하였다. 시를 지은 분을 담당자에게 문의하였더니, 대전문인협회 회장을 지낸 리헌석 시인이라며, 전화번호를 알려 주더라고 말하였다. 작품을 받아 보고 싶다고 하여 이메일로 보내드렸다.

신명(身命)을 바쳐 나라를 수호하신
임이시여,
우러러, 가슴 벅찬 조국(祖國)의 하늘에서
오늘도 휘날리는
아름다운 태극 깃발을 보소서!

한번 죽어, 영원히 사는 거룩함으로
이 땅의 어둠을 밝히신
영령이시여,
그토록 소망하시던
겨레의 눈부신 비상(飛翔)을 보소서!

이제, 가시고 남은 자리에
가눌 수 없는
슬픔이 고입니다.
눈물이, 새로운 눈물을 불러서, 넘쳐서,
보내 드리고 싶어도,
보내 드릴 수 없는 가슴 저림으로
통곡하며 무릎을 꿇습니다.

향연(香煙)처럼 피어오르는,
이 절절함,
눈물 젖은 두 손을 모아
아득한 그리움으로, 여기, 모시오니,
임이시여,
민족의 성역(聖域)에서 영면(永眠)하소서!

—「임을 위한 헌시(獻詩)」 전문

여러 해 전에 국립 대전현충원 관계자로부터 전화를 받았다. 현충원에서는 겨레와 나라를 위해 순국(殉國)하신 영령들을 모시는 안장식(安葬式)을 거행한다는 것이다. 주기적으로, 때로는 수시로 안장식을 거행하는데, 무엇인가 좀 더 잘 모셔야 할 격식이 필요한 것 같다는 중론(衆論)이었다는 것이다.

그리하여 관계자들이 논의를 하였다고 한다. 안장식은 관계자의 말씀과 예포 및 헌화 등을 통하여 가신 분을 기리고, 슬픔에 잠긴 유가족들을 위로한다. 이때 정서적으로 감동을 줄 수 있는 시를 낭송하면 좋겠다는 의견의 일치를 보았다고 한다.

그래서 기존에 발표한 시 중에서 최적의 작품을 물색하였는데, 관계자들을 만족시킬 수 있는 작품을 찾지 못하였다는 것이다. 그리하여, 새로운 시를 청탁하기로 의견을 모았고, 수소문 끝에 본인을 선정하여 작품 창작을 요청하였다고 한다.

이렇게 여러 조건을 만족시킬 수 있는 작품을 빚어내는 일은 쉽지 않다. 자신이 쓰고 싶은 작품을 쓰는데 익숙한 대부분의 시인들은 목적시 창작을 기피하게 마련이다. 그러나 누군가는 해야 할 일이고, 겨레와 나라를 위해 헌신하신 영령을 기리고 위로하는 일은 무엇보다도 소중한 일이어서 응낙하였다.

조국 광복을 위해 살신성인을 하신 분, 전쟁 영웅, 군경으로 애국하신 분, 순직한 분 등 다양한 분야의 영령들을 포괄할 수 있어야 했다. 그 분들의 뜨거운 겨레 사랑과 나라 사랑의 업적을 찬양해야 했다. 뒤에 남은 우리도 그 분들을 따라 애국 애족의 길을 나서리라는 다짐도 들어 있어야 했다. 이런 상황을 담아 작품을 송고하였다. 방송국 아나운서의 낭송으로 CD가 제작되었다는 통보와 함께 그 CD를 1매 받았다.

이 시는 대전현충원에서 안장식이 거행될 때마다 낭송된다. 영령을 기리는 많은 분들이 눈물을 흘린다고 전한다. 유가족들은 어깨를 들썩이며 통곡할 때도 있다고 한다. 그 낭송 작품의 저작자가 '리헌석 시인'이라고 밝히지는 않지만, 가슴은 보람으로 벅차올랐다.

6. 금강일보 창간호 발행을 축하하며

시업(詩業)을 생업(生業)으로 삼고 살아가는 일은 참으로 어려운 일이다. 그러나 생명이 유지되는 한, 시와 더불어 살아가는 길이 운명인 듯싶다.

문학의 길에서 금강일보 이광희 사장님을 만났다. 모 일간지의 문화부 차장 시절에 그는 문학과 교육을 담당하여 자주 만났다. 막역하게 지낼 때쯤 자신도 독학으로 소설 공부를 하였다는 말을 듣고, 문학의 숲으로 발을 딛도록 권하였다. 그래서 소설로 등단도 하고, 7권의 소설집과 몇 권의 저서를 발간하였다.

다니던 신문사 운영이 어렵게 되자, 본인이 나서서 신문사를 굳건하게 세우기 위하여 나섰다. 동분서주하는 모습이 안타까우면서도 미더워서 여러 차례 술도 나누었다. 그 신문사는 발전해 갔지만, 정론직필의 꿈을 간직한 그는 다시 2010년 5월 3일에 [금강일보]를 창간하기에 이르렀다.

금강(錦江)은 대전, 세종, 충남, 충북 주민의 젖줄이다. 창간한 신문이 충청인의 가슴에 흐르는 금강과 같은 역할을 담당하기를 소망하며 작명하였다. 금강이 살면 충청도 역시 살아날 것이매, 그 간절함을 축시(祝詩)에 담았다.

새벽길을 쓸며
역사의 거보(巨步)를 내딛는다.
일월(日月)처럼 눈부신 비상을 위하여
붓 끝에 혼을 담아
새 하늘을 연다.

작은 샘물에서 시원(始原)하지만
큰 강은 도도하게 흐르는 법,
산과 들을 끼고 돌며
무한한 힘으로 생명을 길어 올리는 법

그리하여 국토의 중심에서
정론직필(正論直筆)의 새로운 나무를
보듬어 가꾸는 소망이리니,
신천지를 개척하기 위해
한 마음으로 일구는
언론창달(言論暢達)의 건강한 노래일지니,

우리의 출범(出帆)은 어둠을 쓸어내고
창창한 미래를 열어 가는 일,
순정한 지면(紙面)에
진실의 알곡을 차곡차곡 쌓아 가는 일

이제, 그대와 내가 마주잡은 손은
총이나 칼보다 강하리니
흔들리지 않는 함성이리니
금강, 영원한 모천(母川)의 사랑으로
작은 마을과 큰 도시를 감싸 안으며
삶의 현장을 올곧게 지킬진저!

하여, 반듯하게 올린 깃발은
우리네 아름다운 열정의 표상일지니
양심의 눈빛 형형하게
시시비비(是是非非)의 중심을 잡을진저!

오호, 설레는 마음으로
그리움의 별을 닦는다.
편견과 아집을 허무는 북소리,
갈등과 모순을 치유하는 징소리로
새 세상을 연다.

—「웅비(雄飛)하는 영광 앞에서」 전문

시업(詩業)을 생업(生業)으로 삼는 것이 어려운 것처럼, 정론직필을 지향하는 언론의 길도 그만큼 어려운 것 같다. 어려움을 극복하여 아름다운 결과를 도출함이 그 무엇보다도 가치 있는 일임이 분명하다.

세상의 편견처럼 무서운 것은 없다. 자기밖에 모르는 아집처럼 무서운 것도 없다. 이를 허물면서 살기 좋은 세상을 만드는 것이 중요하다. 세상의 갈등과 모순을 치유하는 것도 언론의 사명인 것 같다. 그런 역할에 충실하기를 바라는 마음을 작품에 담았다.

7. 시민에 대한 배려가 웅숭깊은 유림공원

유림 이인구 계룡건설 명예회장이 77세 희수(喜壽)를 맞아 사재(私財) 100억원을 출연하여 뜻있는 사업을 하기로 결심하였다. 대전광역시 박성효 시장의 추천으로 대전광역시 유성구 어은동 2만 평의 불모지를 아름다운 공원으로 조성하고, 대전광역시에 기부채납하기로 MOU를 체결하여 '유림공원'이 탄생하였다.

2년 여에 걸쳐 조성사업이 완료되고, 이를 기리는 내용을 시(詩)로 빚어 돌에 새기기로 결정되었다. 시 창작 청탁에 의하여 여러 날을 궁리한 끝에 시 1편을 빚었다. 그 다음에는 시를 새길 돌을 찾아 충청남도 보령시를 여러 차례 오가던 차에 적당한 오석을 만나 시를 새겨 공원에 건립하였다.

이 작품은 정재(淨財)로 조성하는 공원의 의미를 새기는데 중점을 두었다. 이런 글이 자칫하면 개인을 우상화하는 '용비어천가'가 되기 쉬워서 그런 우(愚)를 범하지 않되, 공원을 조성하여 시민에게 희사하는 아름다운 공적은 드러나야 되기 때문에, 작품의 균형을 잡는 것이 요체라 하겠다. 현재 이루어지고 있는 일은 과거의 인연과 닿아있게 마련이고, 이러한 역사성을 바탕으로 미래 지향적인 내용을 담아내기 위하여 고심하였다.

하늘의 뜻이었을까,
기러기 떼(甲川落雁) 찾아오고
고기잡이 횃불(甲川漁火)도 밝더니,
피리(漁隱夜笛) 가락 따라
바람이 먼저 알고 길을 쓸었네.

2007년, 희수(喜壽)를 맞아
유림(裕林) 이인구(李麟求) 선생이

정재(淨財) 100억 원을 베풀어
2009년, 빛을 본 명품 공원

한밭의 중심에
숨결보다 귀한 세상을 열어
그대와 함께 가꾸는 행복의 노래가
정겨운 무지개를 세우리니

도심의 숲이 그립거든 오라
즐기고 공부하며,
순정한 메아리를 아름다이 펼치며
눈빛을 나눌 그대여

봄꽃 사이 사랑이 흐르면
새들도 여름을 노래하고
단풍잎 붉게 타는 하늘이 고와
눈꽃 또한 마중하리니,
웅숭깊은 배려가 사철 눈부시리니.

—「유림공원에서」 전문

1연은 유림 공원을 세우는 곳이 갑천의 한쪽이고, 지역적으로 대전광역시 유성구 어은동이어서 이와 관련한 역사를 인용하였다. '기러기떼' 찾아온다는 부분은 [조선 환여승람]의 대전8경 중 '갑천낙안(甲川落雁)'에 연유한다. 또한 '고기잡이 횃불'이 밝다는 부분은 우암 송시열의 대전8경 중 '갑천어화(甲川漁火)'에 연유한다. '피리가락'은 김병홍의 유성8경 중 '어은야적(漁隱夜笛)'에 연유한다.

이와 같이 선인들이 노래한 아름다운 터에 유림공원을 건립하는 것은 역사적 의의가 뚜렷하고, 이는 하늘의 뜻에 기원을 두고 있다는 의미다. 1연의 마지막 행 <바람이 먼저 알고 길을 쓸었네>는 앞서 바람이 길을 깨끗이 쓸어서 귀인을 맞이할 준비를 갖추었다는 의미를 갖는다. 이는 뒤에 올 귀인이 훌륭한 업적을 쌓도록 준비하는 예비적 상황에 해당한다. 이렇게 선인(先人)들이 여러 번 노래하여 아름다운 공원이 건립되기에 이르렀으리라.

2연은 이인구 명예회장의 공원 건립에 대한 사실적인 기록이다. 군더더기 없이 깔끔하게 정리하는 것을 요체로 삼았다. 3연은 공원 준공과 시민이 여가를 즐기는 행복을 노래하였다. 한밭의 중심은 세계의 중심이기도 하고, 이 공원에서 수많은 시민이 행복하게 즐기기를 소망하였다. 특히 '그대'는 불특정 다수를 지칭하는 것으로, 모든 시민을 위한 배려라 하겠다. 4연은 즐거움을 나누는 마음을 노래하였다. 공원 조성의 초심(初心)에 해당하며, 여러 사람들이 와서 즐기고, 특히 어린이들의 학습장으로 활용되기를 바라는 마음을 담았다.

5연의 <봄꽃 사이 사랑이 흐르면/ 새들도 여름을 노래하고/ 단풍잎 붉게 타는 하늘이 고와/ 눈꽃 또한 마중하리니>는 사계절의 순환을 통하여 영원성을 상징하였다. 단순한 구성이지만, 상세하게 설명해야 할 부분을 과감하게 생략하여 간결성을 부여하였다. 특히 <웅숭깊은 배려가 사철 눈부시리니.>에서 '도량이 넓고 큰' 이인구 명예회장의 배려가 오래도록 눈부시기를 기원하였다.

8. 가을빛 사랑을 위하여

구절초 흔들리는 가을의 산록에서 여름의 상처를 바라보는 일은 가슴 아픈 일이다. 토사가 쓸고 간 깊은 상처, 뽑혀진 나무가 누워 있고, 구르던 돌들이 그대로 놓여 있다. 그러나 그 상처 속에서 여린 잎이 솟아나고 있다. 반쯤 뽑힌 나무와 풀은 그 자리에서 푸름을 간직하고 있으며, 황토가 드러난 곳에서는 파릇파릇 새싹이 돋아나고 있다. 태풍과 홍수에 쓸려 살갗이 찢어진 산과 들이지만, 그 속에서도 자연은 변함없이 태동을 하고 있다. 이것이 바로 생명의 경이로움이다.

이처럼, 자연은 그대로 두어도 상처가 치유되리라 믿는다. 그러나 이 상처를 서둘러 치유하고 아픔을 줄이는 일은 우리 모두의 관심과 사랑이다. 다시 토사에 쓸려나지 않도록 작업을 하고, 풀과 나무가 잘 자라도록 배려할 일이다. 이러한 일은 수동적 의무감에서 이루어지는 것이 아니라, 능동적인 사랑과 봉사로 실현된다.

높은 하늘 아래, 여름의 아픔을 잊고 가을을 수놓은 나무와 풀을 보며, 이들 모두 더욱 행복한 환경에서 아름답게 살아가기를 소망하며, 「가을에 우리는」이라는 시 1편을 지었다.

저것 봐,
맑은 하늘을 머금으며
구절초, 저 연연한 눈빛이
그리움을 가꾸네.

분노처럼 거칠게 몰아치던
태풍도 용서하고
폭우의 아픔도 잊고
하늘 닮은 마음이 되려네.

저것 봐,
과원에 넘치는 함성들
인고의 세월 건너 흔드는
진실의 깃발들.

가을에 우리는
햇살에 영그는 소망을 보며
하나가 되네,
순정한 가슴을 나누네.

—「가을에 우리는」전문

산이 무너지고, 둑이 터지고, 농토에 토사가 밀리는 아픔처럼, 우리의 현실 생활에도 헤아릴 수 없는 아픔들이 가까이에 있다. 나무가 뽑히듯이 어떤 가족은 뿌리째 뽑히기도 하고, 어떤 어린이는 돌볼 사람마저 찾아볼 수 없기도 하고, 어떤 여성은 또 다른 피해로 눈물을 짓기도 한다. 이처럼 약한 사람들에게 울타리가 되고, 일어서도록 부축하는 힘이 되고, 따뜻한 가족이 되려는 봉사가 실행되고 있다.

충남지방경찰청과 충남대학교병원이 힘을 모아 **[여성, 학교 폭력 피해자 ONE-STOP 지원 센터]**를 충남대학교 병원에 개설하여 그들의 눈물을 씻어줄 요량이다. 충남지방경찰청 여성청소년계에서는 경찰에게 주어진 의무와 함께 피해자들이 상담, 의료, 수사, 법률 지원 서비스를 한 곳에서 받도록 운영하고 있다. 이 'ONE-STOP 지원 센터'의 벽에 걸어놓을 시화를 청탁받았다. 심신의 상처를 입은 사람들에게 그 상처를 극복할 수 있게 소망과 용기를 줄 수 있는 작품을 부탁받았다. 그래서 시 한 편을 쓰면서, 우리 사회에서 억울한 사람이 없었으면 좋겠다는 생각을 하였다.

이제 토사가 쓸고 간 상처 속에서 새싹이 돋아나고, 풀과 나무가 자라듯이, 몸과 마음의 상처를 받은 여성과 청소년들도 아름다운 소망을 가꾸었으면 좋겠다.

■ 후기

문학은 생동하는 울림이다

<문학의 날갯짓을 위하여>

새는 부리로 날개를 다듬고, 다시 날개를 펴서 바람에 씻는다. 이는 날아야 할 때를 위한 준비다. 집에서 기르기 때문에 날지 않는 닭도 부리로 날개를 다듬거나, 모래로 멱을 감으면서 몸과 털을 정리한다. 오리도 기름샘에서 기름을 묻혀 털이 물에 젖지 않도록 준비한다. 이러한 준비과정은 비상(飛翔)을 위함이다.

문학 창작도 마찬가지다. 세상을 살면서 부딪친 사물들에 대하여, 정교한 언어로 정확하고 멋지게 표현하자면, 수많은 부리 다듬음과 날갯짓이 필수적이다. 글을 쓰는 사람들에게 이와 같은 준비과정이 필요함은 물론, 시행착오와 같은 수많은 반복을 통하여 전문가로 자리한다. 예술품다운 문학작품을 창작하기 위함이다.

<문학의 뜻겨움을 위하여>

문학청년일 때에는 양면성을 띠었다. 문학은 생의 목표이자 평생을 바쳐 추구할 가치를 지니고 있다는 굳은 신념도 지녔었다. 때로는 문학이 내가 살아가는데, 윤활유와 같이 삶의 보조적 취미활동이라는 여기(餘技)로 생각하기도 하였다.

그러다가 문학창작의 길에 깊이 빠지면서 문학이 내 삶의 일부이자 전체라는 의미에 이르렀다. 그 길이 허상을 좇는 어리석음을 내포한다고 하더라도, 스스로 구도자와 같은 테두리를 만들었다. 그 속에

갇히는 일이 행복하고 만족하였다. 스스로 운명이라고밖에 할 수 없는 상황을 즐겼다.

문학에 대해서 주문처럼 속삭이는 말이 있다.

〈문학은 역사 이래 예술 중의 으뜸으로 자리매김 되어 왔습니다. 아름다운 서정을 노래하기도 했으며, 사회 여러 분야의 아픈 곳을 어루만지기도 했고, 때로는 문학이 곧 학문의 중심이기도 했습니다. 문학은 질풍노도가 되어 세상의 어둠을 쓸어내기도 했으며, 어둔 밤에 촛불의 역할을 자임하기도 했고, 새벽을 노래하는 닭 울음으로 새로운 시대의 도래를 예언하기도 했습니다.〉

이와 같은 문학의 역할을 주문처럼 되새기며 창작의 밭을 갈고 있다. 이런 날갯짓은 생명이 다하는 날까지 되풀이될 것이다.

〈나와 우리의 '문학사랑'을 위하여〉

여전히 부족한 글을 빚어내고 있으며, 어쩌면 만족할 만한 작품을 영원히 창작하지 못할 수도 있겠지만, 문학에 대한 짝사랑은 변함이 없을 것이다. 가난과 힘든 학업, 두서없던 일들로 청춘시절을 보내고, 문학창작에 전념하기 시작하였을 때 아쉬운 점이 있었다.

발표지면의 부족이 심각하였다. 1980년대만 해도, 문학잡지 발간이 문화공보부의 허가사항이어서 한정된 지면에 작품을 발표하는 것은 가뭄에 콩이 나는 형국이었다.

몇몇 잡지에 작품을 발표하려면, 시골 문사들은 서울로 올라가야 했다. 가끔 원고청탁을 받기도 하였지만, 선물을 들고 찾아가거나, 점심을 거나하게 대접하거나, 정기 구독을 하면 발표 지면이 수월하게 제공되었다. 혹자는 작품 수준 때문이라고 말하지만, 점심을 대접하면, 수준 낮았던 작품들이 콩나물처럼 자라니, 그것이 요상한 일이 아니겠는가?

그래서 충청권에서도 문학잡지를 발간하기로 하였다. 사실 개인적으로는 한국문인협회에서 발행하는 [월간문학]에 월평을 자주 쓰기도 하여 지면의 부족을 심각하게 느끼지는 않았지만, 신진 문인들의 경우에는 실망을 하다가 낙담하기도 하였다.

1977년부터 발간하던 동인지 『도가니』를 1993년에 문학전문잡지 『오늘의문학』으로 등록하여 발간하였다. 이후, 2002년에 제호를 『문학사랑』으로 변경하여 오늘에 이르고 있다. 단 한 권의 결호도 내지 않았다. 400여쪽의 분량도 엄중하게 지켰다.

혹자는 살아남는 것만이 중요한 게 아니다. 부피가 큰 것이 중요한 게 아니다. 작품 수준이 중요하다는 질시어린 충고를 접하기도 하였다. 옷깃을 여미는 마음으로 반성하며, 일신(日新) 우일신(又日新)하고자 최선을 다하였다. 동시에 엄혹한 문학전문지 상황을 극복하며, 끝끝내 살아남기로 다짐하였다.

때로는 질시하는 투로 말씀하시는 분들의 작품 수준을 우리가 발간하는 문학지의 수준이 이미 추월하고 있다는 자부심으로 험난한 길을 치열하게 걸어왔다. 앞으로도 자존감을 찾으며 이 길을 계속 걸을 요량이다.

■ 리헌석(李憲錫) 시인, 문학평론가 약력

* 학경력 분야
1951년 충남 공주시 우성면 대성리에서 출생
우성초, 영명중, 영명고, 공주교육대학 졸업
1982년 숭전대학교 국어교육과 졸업
1984. 한남대학교 대학원 국문학과 졸업
1973~1995. 초등 및 중등학교 교사
2006~2007. 한남대학교 사회문화대학원 겸임교수

* 문학 분야
1977. 문학동인지 〈도가니〉 창립회원
1982. 문학잡지 계간 〈시와의식〉 신인상 당선(시)
1984. 한국문인협회 〈월간문학〉 신인작품상 당선(문학평론)
1987~1988. 한국문인협회 충남지회 이사
1989~1995. 대전문인협회 이사, 사무국장, 부회장 역임
1995~2001. 문학전문잡지 〈오늘의문학〉 편집인 겸 발행인
2000~2006. 한국문인협회 대전광역시지회 회장(7, 8, 9대)
2005~2013. 원종린수필문학상 운영위원장
2007~2010. (사단법인) 한국문인협회 이사
1995~현재, 계간 [문학사랑] · 오늘의문학사 대표
2002~현재, (사단법인) 문학사랑협의회 이사장

* 예술 · 사회 분야
2004~2008. (재단법인) 소야장학재단 이사
2007~2014. (사) 대전예술단체총연합회 회장
2011~2012. 대전로타리클럽 회장
2013~2014. 국제로타리 3680지구 '지역대표' 역임
2004~현재. (재단법인) 계룡장학재단 이사
2017~2022. 충청예술문화협회 회장 역임

공산성 바람소리

리헌석 시집

발 행 일 | 1쇄 / 2015년 11월 11일
2쇄 / 2016년 1월 25일
3쇄 / 2023년 7월 17일
지 은 이 | 리헌석
발 행 인 | 李憲錫
발 행 처 | 오늘의문학사
출판등록 | 제55호(1993년 6월 23일)
주 소 | 대전 동구 삼성1동 125-6 한밭오피스텔 401호
전화번호 | (042)624-2980
팩시밀리 | (042)628-2983
카 페 | http://cafe.daum.net/gljang(문학사랑 글짱들)
전자우편 | hs2980@hanmail.net

공 급 처 | 한국출판협동조합
주문전화 | (02)716-5616
팩시밀리 | (02)716-2999

ISBN 978-89-5669-715-4 (03810)
값 15,000원

문학사랑 시인선

021 나이현 들국화 향기 속에
022 이영옥 길눈
023 전성희 당신의 귀가 닫힌다
024 김기원 행복 모자이크
025 김영수 소쩍새 한 마리
026 고덕상 고요한 기다림
027 권상기 초록빛 그리움
028 김주현 분명한 모순
029 김해림 멈추지 않는 발걸음으로
030 김영우 갈맷길을 걸으며
031 이완순 海印을 찾다
032 엄기창 춤바위
033 장덕천 싸구려와 친구하다
034 조남익 흙빛의 말
035 김명배 달팽이 외나무다리 건너기
036 김화자 꽃잎 편지
037 조문자 매화 앞에서
038 정주탁 무지갯빛 추억
039 전성희 푸른 밤으로의 잠
040 한정민 진도 육자배기
041 김영우 비바 파파, 치유의 미소
042 이영옥 알사탕
043 김정아 갠지스강 모래톱에서
044 리헌석 공산성 바람소리
045 정진석 雜草를 뽑으며
046 최영호 다 읽어도 남은 편지
047 김창현 대청호 오백리 길
048 임강빈 바람, 만지작거리다
049 김창현 추억은 아름다워
050 신경자 계절의 그루터기
051 배정태 봄볕 잠시 머물다
052 김명배 천안 흥타령